阴山突围

——脱贫攻坚的武川模式

张鑫华 著

远方出版社

图书在版编目(CIP)数据

阴山突围:脱贫攻坚的武川模式/张鑫华著. -- 呼和浩特:远方出版社,2020.8

ISBN 978-7-5555-1488-6

Ⅰ.①阴… Ⅱ.①张… Ⅲ.①扶贫 - 工作经验 - 武川县 Ⅳ.① F127.264

中国版本图书馆 CIP 数据核字 (2020) 第 146242 号

阴山突围
YINSHAN TUWEI

作　　者	张鑫华
责任编辑	董美鲜
责任校对	心　妍
装帧设计	韩　芳
出版发行	远方出版社
社　　址	呼和浩特市乌兰察布东路 666 号　邮编 010010
电　　话	（0471）2236473 总编室　2236460 发行部
经　　销	新华书店
印　　刷	内蒙古爱信达教育印务有限责任公司
开　　本	170mm×240mm　1/16
字　　数	180 千
印　　张	12.5
版　　次	2020 年 8 月第 1 版
印　　次	2020 年 8 月第 1 次印刷
印　　数	1—2 800 册
标准书号	ISBN 978-7-5555-1488-6
定　　价	36.00 元

如发现印装质量问题，请与出版社联系调换

目 录

前言　向贫困宣战　　　　　　　…1

产业扛鼎篇

第1篇　紫皮蒜燃起致富之光　　　…3

第2篇　北芪之乡续写新传奇　　　…11

第3篇　一缕茶香出阴山　　　　　…19

第4篇　白彦山村的无限生"鸡"　…26

第5篇　"农家乐"乐在阴山　　　…32

第6篇　草业绘就生态富民新画卷　…41

第7篇　乌骨羊走出致富新天地　　…49

第8篇　土豆变身"金圪蛋"　　　…56

第9篇　一粒燕麦演绎新辉煌　　　…64

第10篇　朵朵蘑菇绽放幸福花　　 …71

第11篇　冷凉蔬菜勇闯大市场　　 …79

综合施策篇

第12篇　上秃亥乡的"扶志"之路　　…87

第13篇　挪穷窝圆致富梦　　…94

第14篇　文艺下乡激扬致富希望　　…101

第15篇　可可以力更镇的脱贫探索　　…107

第16篇　厂汉此老村之变　　…117

第17篇　福如东村的脱贫"四步走"　　…125

第18篇　开出健康扶贫的良方　　…130

第19篇　好日子走上阴山坝顶　　…136

第20篇　扶贫一线的绿色身影　　…142

京蒙协作篇

第21篇　东方春来　　…149

人物访谈篇

第22篇　决胜阴山　　…167

后记　风过阴山　　…183

前　言

向贫困宣战

"阴山突围"这个词，在我心头萦绕了很久。

阴山，蒙古语为"达兰喀喇"，意思是"70个黑山头"。尽管我不止一次沿着阴山脚下的高速公路驱车呼啸而过，但仍然不能确认，在层峦叠嶂、逶迤蜿蜒的阴山山脉上，那些随车向后飞掠的山峰，哪些才是前人定义的70个山头之一。如果把千百年来阴山南北的刀光剑影联系起来，我宁愿相信那些挺拔突兀的山峰，就是勇冠三军、驰骋沙场的"七十勇士"。

"敕勒川，阴山下，天似穹庐，笼盖四野。天苍苍，野茫茫，风吹草低见牛羊。"这首妇孺皆知的《敕勒歌》，描绘了阴山地区自然风光的大气磅礴和雄浑壮美。武川县处在海拔1800到2000米的阴山山脉大青山段，全县东西长110公里，南北宽60公里，且东、南、西三面环山，由南向北逐渐低缓，北向展开是一望无际的塞上草原。县域总面积4885平方公里，地形像元宝盆地，还像此地盛产的马铃薯，更像一只向南疾驰的马蹄。自古以来，阴山东西横亘，成了南麓农耕民族和北麓游牧民族之间的一道篱笆。每当鲜卑、柔然、匈奴等草原民族筋骨强壮之时，总是把目光越过阴山这道院墙，投向"有三秋桂子，十里荷花"的山南美丽富庶之地。一番厉兵秣马之后，从白道岭突围南下，越过平坦的土默川平原，投鞭渡河，饮马长江，问鼎中原。几千年来，你方唱罢我登场，马背民族用速度、弯刀，改变着中国封建王朝日出而作、日落而息的生活,上演了一幕幕游牧文明与农耕文明剧烈撞击、交汇融合的历史大剧。

一方水土养育一方人。史载,先秦时期,阴山地区已成为北方游牧民族的大舞台,在此生活过的部族有獯鬻、鬼方等。战国后期,匈奴出现在阴山南北广阔的地域,过着"逐水草迁徙"的游牧生活。东汉和三国两晋时期,鲜卑从大兴安岭兴起后,来到大青山以北定居,形成北魏王朝的拓跋氏,在今武川县域,设六镇屯兵,武川为其中之一。北魏至隋唐是武川极为辉煌的一个时期。北魏末年形成的关陇军事集团,纵横中国近200年,开创了一个前所未有的风云时代。它起源于武川,初建于关中,创造出西魏、北周、隋、唐4个王朝,影响着中华文明的历史进程,也塑造了淳朴、勇敢、粗犷的武川人。

橡皮筋反弹回来。地处中原的历代王朝,为抵御北方少数民族的进攻,不断大兴土木,在阴山南北筑起边墙,秦汉长城遗址随处可见,仅金界壕遗址在武川县境内就长达70公里。公元前215年,秦始皇"使蒙恬将三十万众北逐戎狄,收河南。筑长城,因地形,用制险塞,起临洮,至辽东,延袤万余里。于是渡河,据阳山,逶迤而北"。秦军此次大规模军事行动的结果,便是将匈奴人远远地驱逐到阳山(今乌拉山)和阴山以北,恢复了早先赵国对河南地和阴山南部广阔土地的统治,并增设郡县进行有效的行政管理,构建起横亘北部边疆的伟大军事工程——万里长城。如西汉政治家贾谊所言,自"蒙恬北筑长城而守藩篱,却匈奴七百余里;胡人不敢南下而牧马,士不敢弯弓而抱怨"。到了汉代,雄才大略的汉武帝,对匈奴发动了3次大规模的征战,将匈奴击溃至漠北赵信城,即今蒙古国杭爱山附近,成就了一代战神卫青、霍去病的丰功伟绩。从此,匈奴失去了水草丰美的阴山苑囿,漠南再无王庭。"自孝武出师,攘之于漠北。匈奴失阴山,过之未尝不哭。谓此山也。"

武川,因其扼阴山出入之咽喉要道——白道岭,历代多有征伐。"史记阴山事,千载血流红。"这些湮没在阡陌农田和萋萋荒草中的残垣断壁,诉说着一段段风云流散的历史,大漠孤烟,羌笛胡笳,连天号角,嘶鸣战马,连同一代代戍边将士思亲的泪水，如鹰一样划过历史的天空，消失在无始无终的时空长河。

及至近代，"七七事变"后，毛泽东同志从全国抗战局势和战略需要出发，做出了建立大青山抗日游击根据地的战略决策，武川成为全国19个抗日革命根据地之一。1938年秋，李井泉、姚喆组建了2300多人的大青山支队，武川是抗日游击根据地的中心地带。在残酷的对敌斗争中，大批同志鏖战沙场，血沃阴山，为全国抗战胜利和中国革命做出特殊贡献。

一个地方的发展和它的历史有着密切的关联，甚至可以说，透过历史可以知晓今天发展状况的根源。在游牧民族和农耕民族征战的时代，马背民族逐水草而居，他们在辽阔的草原上来去如风，并不像农人那样世代居住一处。武川作为阴山南北的重要交通要冲，是屯兵之所，作为进出阴山的必经通道而存在。如同全国大多数革命根据地一样，十万大山大河是当年弱小革命火种阻敌的天然屏障，却不是百姓理想中的幸福生活之地。武川县同样如此，多年来一直没有摘掉国家级贫困县的帽子。贫穷，像枷锁一样束缚了武川县百姓对美好生活的向往。

近距离接触武川县的贫困是在2015年，那时我刚刚转业到地方，单位的扶贫点就是武川县二份子乡黑浪豪村。我们要赶在春节前看望和慰问贫困群众。元旦刚过，正是北方天寒地冻的时节，车辆出市区西北，沿呼武大道一头扎进莽莽阴山的峰峦之中。公路两侧山峰高耸，远远望去，干枯的树木早已与青色的岩石融为一体，只有阴面露出斑斑驳驳的积雪，山谷中阵阵冷风迅疾吹过，给汽车风挡玻璃吹出一层薄薄的、细密的霜花。公路依山势环绕，一路不断上升，约40分钟便到达海拔2000多米的阴山峰顶。回首南望，便可俯视金色阳光照耀下首府呼和浩特的林立高楼了。

二份子乡黑浪豪村在武川县城西北130公里处，再往前走几公里便是包头市固阳县地界了。公路年久失修，被过往的货车碾压得坑坑洼洼，两侧的白杨树银条般根根直立，地面的积雪与村庄的红瓦白墙相映成画。越往西走，村庄规模越小，愈发显得破败不堪。用一路陪同的乡领导的话说，远看一堆泥，近看有玻璃。仅从住房上，便可知晓当地百姓的生活了。武川县平均海拔约2000米，以山地丘陵为主，一场从春刮到冬的风沙，吹得土地日渐贫瘠，山石裸露。海拔高、风速大、日照时间长、雨热同季、气候冷凉等特点，使这片土地成了马铃薯、莜麦和油菜籽生长的乐园，山药（土豆）、莜面、羊皮袄成了武川（民间俗称后山）百姓果腹御寒的"三件宝"。当全国人民都在大踏步奔小康时，相当一部分武川人还在温饱线上下徘徊。村里有劳动能力的年轻人，早已离开家园到城市发展，52岁的黑浪豪村徐主任，成了村里最年轻的村民兼村干部。因病致贫、丧失劳动力致贫、庄稼歉收致贫等，家家都有数不清的困难，贫困成了压在村民心头挥之不去的阴影。

转业到地方上班8个月之后，我被选派到和林格尔县盛乐镇新营子村任驻村第一书记。在两年半的时光里，我真切地感受到了农民、农村、农业的发展现状，对农村的贫困有了深刻的认知。我派驻的村庄位于土默川平原东部，有4个自然村2000多常住人口，地理位置和自然环境要比武川县好，符合国家建档立卡的贫困户也不多。尽管如此，农民的贫困还是让我吃惊不小。一对年近80岁的老夫妻先后两次遭遇车祸，两个人只有一条好腿，妻子还是先天聋哑，行动不便造成生活质量极差。一位近60岁仍在打工的中年妇女，因心脏病发作在村卫生室被抢救过来后，第一句话竟是："你们救我干什么，就这样走了挺好。"贫困和生活的重压，使她看淡了生死。一位年仅36岁的村民，常年患病放弃治疗后迟迟咽不下一口气，只担心不满2岁的儿子无人抚养。在得到我的承诺后，他不到1小时便安详辞世……

那一年7月的一个周末，我和昔日的一位军校同学邂逅在武川县西北的希拉穆仁草原。他转业后在武川县最西部的一个村子任扶贫工作队队长兼驻村第一书记。那是一个月圆之夜，红格尔部落度假村蒙古包外的篝火已经点燃，烈焰升腾，人头攒动，悠扬的蒙古长调在草原上空回荡，来自各地的游客围着篝火载歌载舞。

我们两人军校毕业后一同分配在巴尔虎草原深处戍边，对蒙古包这些已经完全商业化的仪式并不陌生，也提不起兴趣。于是，提几罐啤酒，到草原寂静平坦处聊天。在妩媚星光的注目下，一轮金黄的圆月冉冉升起，草原一片安详静谧，一阵微风拂过，似乎传来远处山下寺院飞檐铁马的悦耳叮咚声。

谈话当然离不开他的扶贫工作，他负责的那个村常住人口只有326人，分散在面积广阔的12个自然村内，留守的村民基本是老弱病残，只能种植土豆和莜麦。年景不好时，土地的产量只能满足温饱，年景好时又很难卖出去。2018年，他联系单位给村民们推销包装好的莜面，一天就卖掉1300斤，这让他兴奋不已。他一再感慨，在江苏老家根本见不到这样贫困的村庄。临分别时，他委托我到市里的批发市场，帮他联系购买一批电热水壶。因为此地村民屋内大多是"锅连炕"，不时就会传来孩子掉到锅里被烫伤的事故，他想给每户村民买个电水壶，让他们尽量不用铁锅烧开水。其实，这种简易电器在武川县城就能买到，他说扶贫经费紧张，还是到市里批发市场购买更便宜些。偏远加交通不便，让他的扶贫工作开展起来困难重重。

武川县属于国家级贫困县，2014年全县精准识别出贫困户6064户、贫困人口13051人，覆盖了53个重点贫困村。武川县昔日的"帝王之乡""马铃薯之乡""莜麦之乡""爬山歌之乡"，以及独有的人文历史文化和资源禀赋，都被贫穷这张大网遮住了光芒。

习近平总书记指出："到2020年现行标准下的农村贫困人口全部脱贫，是党中央向全国人民作出的郑重承诺，必须如期实现，没有任何退路和弹性。"

在党中央精准扶贫战略的指引下，县委、县政府根据县域自然条件、产业基础、人口分布等诸多因素的不同，对生产发展空间布局进行三区划分：中东部地区水利条件较好，留村人口较多，划定为现代生态农牧业发展区；南部山区生态环境较好，旅游资源丰富，划定为生态文化旅游发展区；西部地区风蚀沙化严重，生态脆弱，划定为生态修复区。针对这3个不同的区域精准施策，打一场史无前例的脱贫攻坚战，他们誓言让"大后山"群众突破贫困的封锁，与全国人民一道迈入小康社会。

"秦时明月汉时关，万里长征人未还。但使龙城飞将在，不教胡马度阴山。"盛唐边塞诗人王昌龄的一首《出塞》，千百年来，激起了无数男儿驰骋疆场、马革裹尸的英雄之气。旌旗蔽日，号角连天，万马催动的壮阔战争场景，经久不息地回旋、激荡在莽莽阴山。而今，阴山脚下，大漠荒原，处在新时代的17万武川儿女，在中国共产党富民政策的指引下，以赵武灵王"胡服骑射悍北疆"的豪迈气概，奋勇搏击，尽锐出战，上演了一场向贫穷宣战的"阴山突围"！

古老阴山不语。白道岭千年锁钥，枪盘河静水深流，哈达门高山牧场花海，五朝长城蜿蜒起伏，抗日革命根据地的红色故事，以独特的方式，融入了这场举世瞩目的脱贫攻坚战中。

风过阴山，麦浪翻滚，草木摇曳。一曲《神奇美丽的武川》回荡在耳畔：

清风吹拂，

麦浪无边，

祥云朵朵滋润心田。

丝茶古道，

绵长悠远，

隋唐的故事仿佛在昨天。

武川……武川……神奇的武川，你是英雄出征的起点。武川啊武川，美丽的武川，你是我永远眷恋的家园。

……

产业扛鼎篇

第1篇
紫皮蒜燃起致富之光

井尔沟村是武川县大青山乡3个重点贫困村之一。小山村位于枪盘河下游，巍巍阴山的崇山峻岭之中。这里平均海拔1400多米，四周群山环峙，东靠摩天岭，西临凤凰山，北倚白道梁，南抵孟不浪梁，在山谷中形成了一个小的盆地，只有几十户人家的小村庄安静地坐落在盆地中央。在周围高大险峻山峰的映衬下，村子愈发显得渺小，而且任由风沙肆虐，雨雪侵袭，似无任何还手之力。贫困，给一代代村民留下来自遥远而又如影随形的深刻印记。

大青山乡属于革命老区，井尔沟村曾是八路军大青山支队司令部及骑兵三团驻地，老一辈革命家李井泉、姚喆、杨植霖、郝秀山、张少庭、黄厚、曹文玉等都在这里生活和战斗过。1966年，在井尔沟村建起了"大青山革命烈士陵园"；2000年，该地被确定为市级爱国主义教育基地。呼武公路17公里处蜈蚣坝的白道，自古以来就是一条重要的通道和关隘，周围分布有秦汉长城、魏帝行宫、吉鸿昌题词、老爷庙旧址等古迹遗址。1938年秋，八路军大青山支队挺进阴山，创建了大青山抗日游击根据地，成为全国19个抗日游击根据地之一。在抗日战争中，大青山区以其独特的位置，成为抗日游击根据地的中心地带，被誉为"塞外小延安"。村子附近的革命遗存众多，村西南的大山中有游击队住过的成排土窑洞遗址，照山上有存放粮食、弹药等军需物资的板嘴石窟仓库遗址，各大山沟里都有八路军住过的窑洞遗址。这里自然风景独特，溪泉缠绕，山清水秀，狮子嘴、石门、佛爷洞、虎头山、板嘴石窟等自然景观，以"奇、雄、特、险"著名。

人们常说，靠山吃山，靠水吃水。这里的大山赐予井尔沟村的是一种白色矿物质，学名"芒硝"。芒硝本是中药名，为硫酸盐类矿物芒硝族，经加工提炼而成的结晶体，可用来制泻药和清热药，广泛应用于各种工业品的干燥过程，还可以用作一种低质炸药的原料。在井尔沟村的四周山岩上，随处可见由它们形成的盐华及皮壳。这些晶体为短柱状或针状，聚集在一起成块状、纤维团簇状，无色或白色，具有玻璃光泽，入水即化。在春秋季节的猎猎风沙中，这些晶体颗粒常出现在井尔沟村民的水杯里或餐桌上。

这里年降雨量不足300毫米，常年风沙不断，吹得土地日渐贫瘠。老百姓说，种在地下，收在天上。能不能吃饱饭，得看老天爷的脸色。井尔沟村民在背风处和庭院中，清理出碎石和枯草，开辟出一块块连不成片的土地，用来种植传统的马铃薯、莜麦、小麦。他们在院子里栽些黄瓜、西葫芦、韭菜、茴香、西兰花和透明包菜等，给餐桌增添一抹绿色。再养几只羊，喂口猪，养一群鸡，在艰难中勉强度日。

这里的气候和土质给井尔沟人孕育了一种独特的农作物——紫皮蒜。当地人说，吃肉不吃蒜，营养减一半。这种紫皮蒜在井尔沟已有50多年的种植历史，大蒜品质独特，以蒜瓣洁白鲜嫩，肥大坚实，耐储存，辛辣度高，含大蒜素干物质多，口感香辣绵长，捣烂成泥久放不变味，因而颇负盛名。市场上买的普通蒜用醋泡6个月就有异味，井尔沟的紫皮蒜泡10个月也不变质。井尔沟村的村民谁也没有想到，就是这种家家餐桌上毫不起眼的小小紫皮蒜头，竟摇身一变，成了他们脱贫致富奔小康的"金疙瘩"。

穷则思变。早在2014年以前，县委、县政府组织县扶贫办和大青山乡政府就开始深入调研，苦苦探求井尔沟村民脱贫致富道路上的"突围"大计。

井尔沟村地处偏远山区，工业项目难引进，土地贫瘠分散，种植传统农作物形不成规模。但不发展产业，政府临时的各种救济解决不了村民长远生计问题，脱贫奔小康更是遥不可及的梦想。于是，各级政府便把目光聚焦到村里独具特色的农作物——紫皮蒜上。与其他品种的蒜相比，紫皮蒜产量虽然相对较低，但好东西最终自有价格上的优势。于是大青山乡因势利导，结合当地实际鼓励村民发展大蒜种植产业。几年过去了，紫皮蒜种植已逐渐成为井尔沟村民脱贫致富的一条好途径。

井尔沟种植的紫皮蒜（武川县扶贫办提供）

在贫困偏僻的井尔沟村，种大蒜容易，卖大蒜难，这是村民们最担忧的事情。因为他们一年到头微薄的收入，经受不起哪怕是一点点意外风险。原地踏步没什么发展，但比较安全。村民们宁可等待观望，也绝不肯把辛辛苦苦积攒下的一点积蓄投入进去，因此积极性很难调动起来，这就到了考验政府担当作为的时候了。

成立于1997年的内蒙古巧妈妈酿造食品有限公司（以下简称"巧妈妈"公司），是内蒙古地区规模较大的食醋、酱油和酱制品生产企业。公司位于武川县金三角开发区。凭借良好的信誉度，"巧妈妈"被评为内蒙古自治区"名牌产品"和"著名商标",产品远销甘、陕、晋、冀、辽等地。公司属粮食深加工型企业,对农户种植业有较强的带动作用。原料小麦、莜麦、高粱、豌豆、大蒜等均来自武川县和周边地区,带动当地农户2627户,户均增收1500元。公司收购井尔沟农户的大蒜已有15年之久,以前仅在蒜醋中使用,收购量不大,对村民的收入增长并没有起到多大的推动作用。2014年,公司调整发展战略,投资700万元上了新的调味酱生产线。该项目推出的系列产品大量使用大蒜,但还有400万元资金没有着落。县扶贫办得知此事后,与公司多次洽谈协商,井尔沟村村委会与"巧妈妈"公司签订了收购合同。这是一个双赢合作。在扶贫办的大力协调下,公司当年从农业银行贷款400万元,使调味酱项目上马投产。而"巧妈妈"公司的收购,解决了井尔沟村民"敢种"的问题,从而助推了大蒜产业的顺利推进和村民的可持续增收。

大蒜的产销受市场波动影响很大,其他地方的大蒜价格最低时每公斤仅三四元钱,"巧妈妈"公司收购井尔沟村大蒜的价格一直是每公斤二十几元,可见企业的社会责任感和助力脱贫攻坚的使命感,让人心生敬意。保价包收协议使种植户心里有了底,政府还利用"三到村、三到户"扶贫资金,每年为每户建档立卡贫困群众资助1000元用来发展大蒜种植业。村民们种植大蒜的积极性空前高涨,从过去不敢种、无销路,发展到千方百计想办法扩大种植面积,户均种植2亩,全村从2014年的13.5亩发展到2017年的73亩,村民纯收入29万多元。2018年,直接带动村民种植大蒜120多亩,每年可使50多户贫困户户均增收5000元。除此之外,"巧妈妈"公司生产线和后勤保障还为当地农户提供了80多个就业岗位。

缺乏水源和配套灌溉设施,成了井尔沟村发展大蒜产业的瓶颈。从县经贸局书记岗位来到井尔沟村担任支部书记的刘志保,面对曾经工作和生活了25年的革命老区,他下决心一定要改变面貌,带领父老乡亲甩掉贫困这顶帽子。他联系呼和浩特市有关单位,投资十几万元进行设施农业建设,积极申请修建蓄水池和安装节水灌溉设施,按计划可以新增水浇地150亩,全部都用于大蒜种植,每亩地纯收入可达6000多元,连低保户脱贫都不成问题。

辛旭东家是井尔沟村的贫困户,辛旭东的孩子在外地上大学,妻子身患疾病,基本丧失了劳动能力。在土地贫瘠且常年干旱缺水的井尔沟村,他尝试过各种农作物种植,但都没有多大的起色,一直在温饱线上下摇摆,想增加收入比羊群在荒漠的山坡上寻找草根还要艰难。2018年,辛旭东尝试着种植了半亩紫皮蒜,虽然规模不大,但首战告捷,这半亩大蒜帮他实现了3000元左右的增收,这让他信心大增。2019年,村里发放种植补贴,按照三口人的标准,他家能领到3000元补贴,贫困的日子透出一丝曙光。

80岁高龄的张满才和老伴周玉芳是因病致贫的贫困户。张满才虽然年事已高,但对下地种蒜这种农活还能应付,2018年他种了一亩大蒜,除了乡里发放

井尔沟村民种植紫皮蒜(武川县扶贫办提供)

井尔沟紫皮蒜种植基地（武川县扶贫办提供）

的补贴外，光卖蒜就收入6000多元，这让他想起来就笑得合不拢嘴。种蒜不但减轻了他们种植传统莜麦、马铃薯的劳动强度，而且收入也远远超过了种植小麦等传统农作物。如今在井尔沟村，像辛旭东这样有一定劳动能力的贫困户基本上都种植了大蒜。此前名不见经传的紫皮大蒜终于登堂入室，一跃成为井尔沟村民脱贫致富的主导产业。

　　毛主席曾说："世界是你们的，也是我们的，但归根结底是你们的。你们青年人朝气蓬勃，正在兴旺时期，好像早晨八九点钟的太阳。希望寄托在你们身上。"就在井尔沟村上下为脱贫致富种植紫皮蒜时，一对年轻人以超前的眼光瞄上了紫皮蒜产业，他们就是不到30岁的王柱和王瑞瑞夫妻俩。他们是从大山里走出去的大学生。王瑞瑞大学毕业后在浙江省杭州市一家电商公司工作，几年前回乡探亲，看到父母和一些乡亲在政府的带动下种植紫皮蒜的场景，非常兴奋。在外打拼几年,她也算见多识广。她知道家乡出产的紫皮蒜独具特色,在附近很有名气。但在信息化时代,酒香也怕巷子深。有特色产品,有政府支持,有"巧妈妈"公司包购,天时地利人和全都具备,于是她产生了一个想法——把乡亲们的种植项目利用互联网推向广阔市场,她便果断辞职回乡创业了。年轻人有文化、有激情、有干劲,一出手便不同凡响。2017年,夫妻俩种植了10亩大蒜,当年纯收入达5万元。

文化知识在这个小山村再次展示了强大的威力。2018年,王柱和王瑞瑞边种植边参加技术培训。他们在压减籽种、肥料、灌溉和劳动力成本的同时,一改村民种植大蒜的传统方式,从山东订购了地膜进行覆膜种植,这让村民吃惊不已。播种时,为提高土地利用率,他们加大了植株密度,在6亩土地上种下了过去10亩地所需的籽种量。他们不断总结经验,掌握了选种、施肥、灌溉等新技术,产量几近翻番,纯收入比上一年增长近一倍。与此同时,夫妻俩还注册了"武川县脑包底大蒜种植专业户"的营业执照和"井尔沟大蒜"商标,给小山村带来了不小的冲击。他们还尝试通过电商平台开拓销售渠道,为井尔沟大蒜找到新的销路,实现井尔沟大蒜产业链新的"突围"。

井尔沟村驻村工作队队长梁栋对大蒜产业发展前景充满信心,他说,如果完善水浇地节水灌溉设施,销售渠道畅通,井尔沟紫皮大蒜种植发展到三五百亩不成问题,将真正成为村民持久脱贫致富的好产业。如今,"井尔沟紫皮大蒜种植基地"标识的牌子,已高高地伫立在通往井尔沟村的公路旁。

早在新石器时代,就有人类在井尔沟生息繁衍,遗址就在井尔沟山间盆地中一个隆起的黄土台地上,枪盘河从遗址边流过,南穿阴山山脉崎岖的山谷进入土默川。遗址地面暴露遗物主要是泥质红陶盆、钵、夹沙褐陶罐和瓮,还有一件已使用过的磨制石斧。考古专家认定,该遗址年代为距今约5000多年前新石器时代之仰韶文化晚期,井尔沟遗址为典型的仰韶文化遗址。这说明武川文化自古以来就是阴山文化的重要组成部分,武川地区的先民紧紧跟随人类历史前进的步伐，共同创造着中华民族光辉灿烂的远古文明，也开启了阴山脚下独特的武川文明。

井尔沟村不缺传说。老人们茶余饭后聚拢在一起，望着阴山千百年来亘古不变的层层峰峦，仍津津乐道着和井尔沟村有关的一个个美丽传说。据说在清末民初，井尔沟地区出了一位猎人叫杜根喜，他年轻时走出大山，浪迹天涯，归来时已是绝艺在身，智勇双全，一杆猎枪百步穿杨，弹无虚发。他孤身一人勇闯山林，打虎除蟒、狼口救美、智斗老狐等故事，在一代代井尔沟村民中广为流传。还有八路军大青山支队李井泉、姚喆和骑兵三团驰骋阴山南北，和日寇顽强斗争的故事，更是数不胜数，成了井尔沟人家风家教的典范。

流传下来的传说和故事，反映了人们对美好生活和高尚品质的向往。对富裕生活的热爱，不甘心向贫穷命运屈服的希望之火，正被一头头紫皮蒜点燃，如夕阳下的莽莽阴山，铺上了一层瑰丽无比的金色。

迈进新时代的井尔沟人，正在脱贫致富路上续写着新的传说。

第2篇

北芪之乡续写新传奇

从武川县可可以力更镇向西南行驶42公里，便是武川县域的最南端——得胜沟乡。

这是一段蜿蜒崎岖、海拔不断上升的盘山公路，车辆在奇峰峻岭中穿行。武川县地处阴山北麓，南倚气势雄浑的阴山，北望平坦辽阔的塞上草原，历史上一直是匈奴虎视中原的咽喉军事要冲，也是汉匈征伐的前沿阵地。"月黑雁飞高，单于夜遁逃。欲将轻骑逐，大雪满弓刀。"卢纶的《塞下曲》生动地再现了汉军与匈奴逐鹿阴山南北的战争场景。及至今日，得胜沟附近的汉长城遗迹仍清晰可见，昔日旌旗猎猎、万马奔腾、喊声震天的战争场面，已消失在壮阔阴山的连天荒野之中。

阴山脚下是连绵起伏的丘陵地区，平均海拔1700多米，得胜沟乡8个行政村62个自然村近7000名农业人口，遍布在500平方公里的大山褶皱里。在人民军队力量还不够强大的时候，凭借阴山天险，进可攻，退可守。抗日战争时期，这里是八路军大青山抗日支队司令部所在地，素有"塞外小延安"之称。1938年秋，按照毛泽东的指示，八路军120师贺龙派715团与第二战区民族战地动委会游击第四支队总动委会晋察绥工委部人员，从山西五寨出发挺进大青山，得胜沟和李齐沟便成为大青山支队司令部和省委、行署等机关驻地，是

"大青山抗日根据地指挥中心"。

与大多数革命老区一样，山高林密、大江大河固然是抗敌天险，但不是物产丰饶的鱼米之乡。如果你在夏秋季节乘车游玩，得胜沟乡蓝天白云，凉爽清净，是名副其实的避暑胜地。如果你在这里生活，就会感受到贫困的侵袭是多么持久漫长。从久居此地的农户眼中，我们看不到多少幸福眼神的流露。那一丝平淡和宁静，并不是多年的修炼所得，不指望是因为指望不上。得胜沟乡6万多亩山地，没能让不到1万的人口过上富裕的生活。贫穷像一条无形的锁链，勒得人透不过气来。

其实，财富并未走远。早在清代，这里就有"正北芪之乡"的美称。

峰峦叠嶂、虎踞龙盘的阴山山脉，横亘在武川县境南部。发源于山脉北麓的巴拉干河、塔布河、中后河、壕赖沟河4条内陆河，滋润着平缓起伏的丘陵滩川。再向北部，自东向西分布着卯独沁河、枪盘河、榆树店河、克力沟河4条外流河。独特的地形地貌和大自然鬼斧神工的地质运动，造就了武川县丰富的物产和矿藏。从清代开始，武川地区就被誉为"后山粮仓"，以盛产小麦、莜麦、荞麦和被当地百姓称之为"金圪蛋"的马铃薯闻名塞北。莜麦又称燕麦，所含植物脂肪丰富，有防止和治疗高血压、动脉粥样硬化、冠心病等功效。除了"三麦一薯"是武川县粮食作物的优势品种，近年来，油菜籽也成了武川县围绕市场种田的又一走俏品种而声名远播。

武川县财富的真正潜力并不是粮食作物，地处山区、海拔高、温差大、偏冷凉、日照长、土质好等独特的地理特性，成了多种中药材生长的乐园。当地盛产黄芪、党参、甘草、麻黄、狼毒、柴胡、黄芩、知母、防风、赤芍、龙胆等270多种中药材。其中以黄芪为最，本地出产的黄芪、黄芩、赤芍等药材，品质优良，有效成分含量远远高于国家标准，是同类品种的2至3倍。阴山北麓山区一带的农民一直有种植中药材的传统。经过长期种植实践，他们基本上掌握了黄芪、黄芩、党参等品种的种植技术，积累了丰富的种植经验。1970年以来，全县药材年销售量在30万公斤左右。峰值最高点是1984年，黄芪产量高达40万斤。近年来，由于政策、市场等各种原因，中草药产业一直没有发展壮大，价格也大起大落，产业发展长时间处于最为原始的低端水平。

总有人不甘心捧着金饭碗讨饭吃。

地地道道的武川县得胜沟乡人王征援以独特的眼光，从平淡的中药材市场看到了商机，因为他对家乡特产黄芪的绝佳品质深信不疑。他发现家乡种植的黄芪每枝有10段叶子，不同于其他地区的黄芪，糖分含量能达到30%左右，口感微甜，补气血的功效非常好。

有低谷就有高峰，中药材市场同样遵循这一市场规律。2011年，他看到市场行情转暖，果断放弃了年薪20万元的职业经理人工作，带上全部积蓄回到得胜沟乡创业。他组织村里的乡亲们成立了日兴隆惠农种植专业合作社，建立了药材种植基地。他带领乡亲们种植的黄芪，大部分销往药厂。除此之外，他还把黄芪切成片作为饮品销售，生产时剩下的下脚料当作猪羊的天然饲料，真正

村民在中药材种植基地劳动（武川县扶贫办提供）

地把这一"宝物"吃干榨尽，实现黄芪有效利用最大化和可循环利用。在2018年呼和浩特市年货节上，王征援合作社生产的黄芪一上架就销售一空，这让本以为黄芪在呼和浩特市以及北方地区没有销量的王征援信心倍增。

丰厚的回报，使得村民们种植黄芪的积极性空前高涨。目前，日兴隆惠农种植专业合作社已有社员110户，流转土地2000多亩，黄芪已经推广到了呼包鄂地区，并逐步打进了区外市场。黄芪种植面积稳定在每年1000亩，雇用工人30多人，年收入在100万元左右，这让得胜沟乡5个村委会9个自然村的贫困户直接受益脱贫。黄芪种植带动了当地的经济发展，解决了部分就业问题，为武川县的脱贫攻坚开拓了新的渠道。

让武川县的黄芪等中药材产业做大的是一家"龙头"企业——中国通用技术（集团）控股有限责任公司。市场价格的涨跌不稳，成为种植户们普遍担心的问题。企业雄厚的经济实力、先进的生产技术，犹如抵御市场风险的参天大树，给参与黄芪种植的村民们吃了一颗"定心丸"。

从2002年起，该公司就定点帮扶武川县。在长期的扶贫助困过程中，公司发现了武川中药材种植的巨大优势。2018年2月，公司在武川县注册了第一个集种植、产地初加工、销售为一体的规范化中药饮片加工企业——内蒙古通用中药有限公司，年加工中药材2000~3000吨。公司提供稳定就业岗位13个，长期雇工岗位6个，通过工程改造、季度性用工、临时雇工等方式雇用当地农民累计25人（其中贫困户8人）。当前，企业已通过GMP认证现场检查，公司中药材购销业务有序开展，下游医药企业渠道对接顺畅，先后与丽珠制药、同仁堂（亳州）、天奇药业、大唐药业、国医堂、新内田制药等企业建立了良好的关系，两个月实现收入259万元，圆满完成年度预算目标。目前，加工药材雇工近100人，带动了周边村民及贫困户就近就业。

2018年，公司还投入100万元用于得胜沟中药材产业园水利设施建设，相关设施建设已经完工，为打造武川县第一个集种植、加工、科普、观光、红色旅游为一体的中药材产业示范园区奠定了良好的基础。同时，中国医药还以农业订单方式，委托得胜芍药牡丹专业合作社试种了5个品种的高品质药材近2100亩，流转了6个自然村82户农民土地，使当地农民通过土地流转户均获益2560元。2018年4月至10月，该项目种植共雇用当地人员120名，发放工资420145元，人均收益3501元，其中雇用贫困户21人，直接带动南坝沿自然村马三毛、黑沙兔自然村王玉珍、前窑子自然村田兰贵等贫困户实现脱贫。公司近期规划黄芪年收货面积约4000~5000亩，长期年收货面积7000~9000亩，占到国内外总需求量的5%以上，此举有效地带动了武川县中药材的产业发展。

李玉家是得胜沟乡蘑菇窑村的药材种植户，他种植的20亩黄芪年收入在10万元左右。李玉说："黄芪是冷热货，因为市场价格的原因，过去，农民对一年种，对一年不种。我过去也才种个三几亩，全村也不过几十亩。去年，内蒙古通用中药有限公司在我们这里建了厂子，还与我们的合作社签订了订单，现在我自己就种了80亩，加上防风、柴胡等别的药材，上了100亩，比种别的强。"他家不仅实现了脱贫，还成了致富带头人。

陈以清家是武川县得胜沟乡酒馆村的建档立卡贫困户。2019年，陈以清的丈夫患了重病。为了给丈夫治病，陈以清一家用尽了积蓄。为了给父亲治病，陈以清的儿子在高中毕业后就外出打工了，然而不幸的是，他遭遇车祸身亡了。丈夫患病、儿子离世，陈以清家再无顶梁柱，仅有的农田也因无耕作能力而荒废了，但生活还要继续，丈夫的病还需要治疗，陈以清犯了难。

内蒙古通用中药有限公司副总经理冯学明说："我们在招工时优先考虑的是贫困户。通过村委会，我们得知陈以清一家的遭遇后，就直接将陈以清请来做工，工费按天结算。在用工高峰期，公司雇用村民120多人，其中有1/6是贫困群众。"

2018年初，中国通用技术（集团）控股有限责任公司利用集团下属中国医药在天然药物领域的传统优势，在武川县成立了首家规范化中药饮片企业——

内蒙古通用中药有限公司。公司的药材加工厂就开在陈以清的家门口。

"我在厂里干活已经好几个月了,每天收入150多元,一个月下来能挣不少呢,丈夫看病的钱够了,剩下点还能贴补家用。"陈以清眼含热泪地说。

除了聘用周边农户及贫困户到企业打工外,公司还通过合作社占股收益分红惠及3个村委会228户农户,其中贫困户12户,支付场地租金20万元,壮大了村集体经济。

从武川县城出发,大约半个小时的车程,便来到了中国通用武川中药材产业扶贫产业园的种植区,3700多亩的核心区内种植了黄芪、黄芩、乌拉尔甘草、防风、柴胡等10多种药材。合作社与内蒙古通用中药有限公司签了3年的合同。这片3700亩的中草药种植核心区由合作社按照公司的要求进行种植和管理,收获后企业按照订单全部收走,而且价格要比市场价格略高。

武川县中西部乡镇山多地少,种植粮食作物收益较低,但土壤、气候等

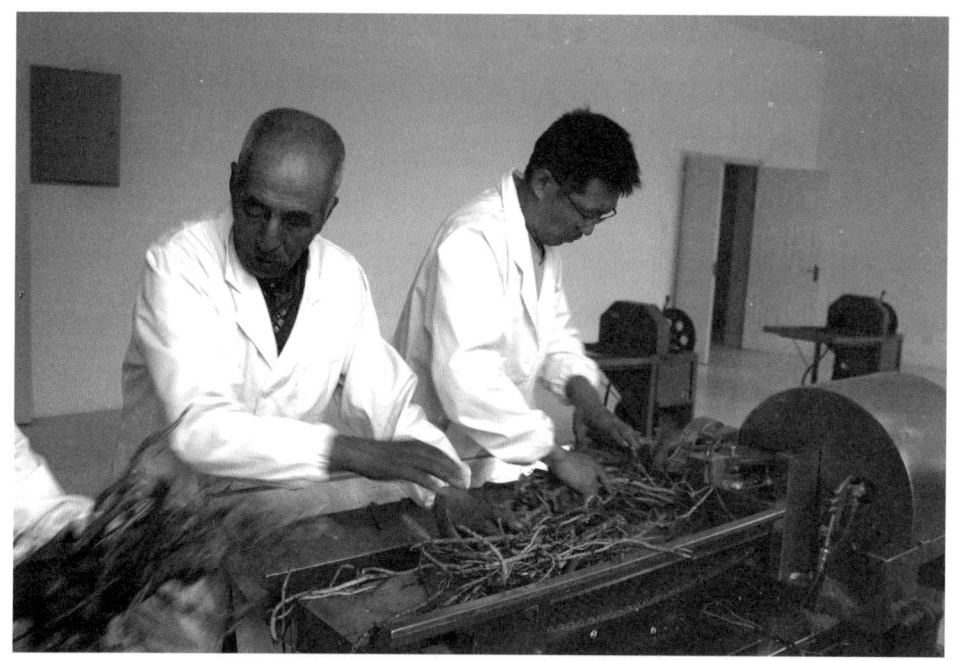

得胜沟乡黄芪中药材种植加工产业(武川县扶贫办提供)

自然条件十分适合发展黄芪等中药材种植产业。目前，在得胜沟乡、哈拉合少乡、西乌兰不浪镇等乡镇分散种植中药材的农户，在政府的引导和扶持下正在走合作社经营的模式，产业规模不断扩大。现在仅得胜沟乡药材种植面积就达到5000亩。

在内蒙古通用中药有限公司的引领和带动下，目前全县共有中药材专业合作社7个，种植户近200户。种植面积达14340亩，其中黄芪近8000亩。中药材年产量达10038吨，总产值约7025万元。

2019年4月，武川县退出国贫县序列，完成了"脱贫摘帽"任务。为了进一步巩固和提升武川县脱贫攻坚的成果，中国通用技术（集团）控股有限责任公司启动了"中国通用武川扶贫产业合作区"建设，因地制宜地帮助当地发展传统中药材产业，为武川县脱贫攻坚工作注入新活力，增添新动力。

按照近期规划，武川县中药材种植面积将在6万至10万亩，在得胜沟乡、大青山乡，依托红色旅游项目，主要种植黄芪、赤芍、甘草、秦艽等品种，打造中蒙药材文化旅游观光带。在哈拉合少乡、西乌兰不浪镇主要种植黄芪、黄芩、党参。在哈乐镇主要种植以黄芩、板蓝根、防风、知母等一些特色品种。同时，对一些濒危稀缺的中蒙药材进行抢救性种植保护。这期间，配套政策、措施、相关服务等都成为这项规划的环节和要素。

产业扶贫，是助力武川县脱贫攻坚的强大力量。目前，武川县初步形成了"山地中药材、平川食用菌、沟壑经济林、坡地小杂粮、点上乌骨羊、面上优质薯"的特色产业促脱贫新格局。在这场史无前例的脱贫攻坚战中，武川人以产业扛鼎，向全面小康社会迈出了坚实沉稳的步伐。

老子说：人法地，地法天，天法道，道法自然。"道"是"首"和"辶"的组合，思想和行动是人类生存和发展的常态，故步自封终归会走入死胡同。天生万物，天养万物。人类终究是要找准与自然和谐相处的结合点，才能生生不息地繁衍发展。

气势磅礴的浩荡阴山，辽阔壮美的高山草原，底蕴深厚的历史文化，造就了纯朴豁达、厚重坚强的武川人。不知从何时开始，这里逐渐形成了一种极富地域特色的民歌——爬山调。流行于武川县的爬山调属标准的后山调，旋律高亢悠长，音程跳动大。演唱方式有室内、室外之分，高山旷野中的歌者多为男性，以拖腔长调为多，声音浑厚宽广；居家低吟浅唱的歌者多为女性，声调较低，旋律柔美婉转。随着演唱者的情绪变化，同一种曲调也会产生喜怒哀乐的不同效果。武川县优秀爬山调歌手张二银虎，曾于1953年随绥远省文工团首次进京演出，一曲爬山调誉满怀仁堂，受到了周总理的高度赞扬。

今天，走在脱贫致富奔小康征途上的武川人，同样用高昂激越的"爬山调"表达对美好生活的追求！

松树叶叶不怕冻，
这点点困难算个甚？

锤捣砧子脆铮铮，
咱是生就的火性性；

撕一把云彩揩一把汗，
割莜麦地里吃晚饭；

高高山上栽杨树，
咱也想当个冒尖户；

条条江河向东流，
请不回财神不回头。

第 3 篇

一缕茶香出阴山

在阴山北麓与更北方的辽阔广袤的草原之间,有一大片起伏的丘陵山地,武川县哈乐镇德胜营村就坐落在群山巨大的波峰浪谷低洼处。每年5月一到,塞北高原凛冽的寒风变得轻柔起来,如婴儿的小手般软软地拂过山川、草地、河流,大地铺青叠翠,一派生机盎然。蓝天白云之下,各种不知名的野花沿着田间地头,漫过山梁野岭,向着遥远逶迤的阴山峰顶一路进发,有的甚至与山南的万千葱茏融为一体,熙熙攘攘地美丽一个夏天,把生冷坚硬的阴山装扮得楚楚动人。

在北方人古老传统的记忆中,茶是温暖和湿润南方水乡的特产。早在17世纪,万里茶道从福建崇安起始,一路向北,途经江西、湖南、湖北、河南、山西、河北到达内蒙古呼和浩特后,换成驼队,由武川白道翻越重重阴山,经二连浩特出关进入蒙古、俄罗斯,再扩展传入中亚和欧洲国家。这一专门经销茶叶的重要国际商道,在历史的风雨中持续了近200年。

所谓奇迹,就是把人们认为本不可能的事变为活生生的现实。武川县德胜营村的"晟源山茶专业合作社",在本地一种特产多年生植物——黄芩上大做文章,村民们将用黄芩生产加工的"塞外山茶"系列产品,从呼和浩特周边地区开拓市场,逐步远销北京、西安、上海、长沙、武汉和成都等地区,不仅成功实现茶市的逆袭突围，也为贫穷的大后山人蹚出了一条脱贫致富奔小康的光明之路。

黄芩，别名山茶根、土金茶根，是唇形科黄芩属多年生草本植物；肉质根茎肥厚，叶坚纸质，生于向阳草坡地、休荒地上。高30~120厘米，喜温暖，耐严寒，耐旱怕涝。土壤以沙质壤土，酸碱度以中性和微碱性为好。物竞天择，地处阴山北麓的武川县，气候冷凉，日照时间长，土质好，无污染，自古就是黄芩的最佳生长地。荒坡野地，高台断崖，一丛丛，一簇簇，只要有土的地方，黄芩无不展示其强大的生命力。

来自久远的美好传说，奠定了黄芩在林林总总难以计数的中药材家族的独特地位。生于明朝嘉靖年间的李时珍，自幼聪明伶俐，好学上进，立志考取功名，光耀门庭。天有不测风云，他在16岁时突患疾病，咳嗽不止，久治不愈，生命危在旦夕，方圆百里的名医均束手无策。就在李时珍父母绝望之际，村里来了一位云游到此的道士。道士给李时珍把脉后，开的药方是：黄芩30克，加水两盅，煎至一盅，连服半月。谁也没想到，看起来毫不起眼的黄芩，竟使李时珍起死回生。病愈之后，李时珍起了悬壶济世、救苍生于病痛之念，跟随道士刻苦钻研医学，终成医林一代宗师。在其编著的《本草纲目》中，他对黄芩推崇备至，称"药中肯綮，如鼓应桴，医中之妙，有如此哉"！

后人赋诗赞曰："黄芩本是柔弱草，何曾枝头立噪鸟。时珍赞其桴鼓效，从此厥功垂本草。"

其根可入药，其茎和叶经过蒸制等传统工序可加工成黄芩茶饮用，民间已有上千年的历史。这种茶色金黄明亮，茶味甘醇香郁，回味悠长，能润肺祛火、理气活血、抑菌消炎、安神助眠和降血压的饮品，是山区人民消暑、待客的主要饮品。但是，山里人家庭作坊式的传统黄芩茶工艺并不适合工业化生产，所以这种品质俱佳的特产茶一直未走出阴山的峰谷沟壑，更没给贫穷的山民们带来可观的经济效益。

带领村民规模化种植黄芩并加工成山茶,走出阴山在南方茶都打开市场的,是武川县哈乐镇德胜营村的一位80后女娃子——王玲玲。高中毕业后返乡的王玲玲,从2006年开始就一直担负德胜营村村委会妇女主任。她不甘心家乡的父老乡亲日复一日地过着贫苦生活,苦苦思索摆脱贫困束缚的突围之策。

在把家乡所有能出产的农作物逐一排除之后,她的目光便锁定在漫山遍野生

王玲玲和她的山茶(武川县扶贫办提供)

长的黄芩上。2012年,27岁的王玲玲和爱人朱林飞一起,接收了武川县原"沃野山茶厂",在一无资金、二无厂房的情况下,联合本地的19户农民,创办了"晟源山茶专业合作社"。为筹措资金,她通过武川县劳动就业局提供的3万元无息贷款,拿出结婚时父母给的3万元,又向亲戚借了3万元,在德胜营村盖起了4间厂房,购置了制茶机械,开始生产加工黄芩山茶。

经过几年的探索与实践,夫妻俩一边钻研传统黄芩茶的制作工艺,一边到南方学习制茶工艺,最终将传统与现代制茶工艺结合,研究出了新型黄芩茶制作工艺。黄芩茶色泽金黄、口感细腻、茶香四溢。他们从野生黄芩的驯化、育苗、种植、采摘、加工、杀青、揉捻、检验、包装、销售等环节,不断总结创新,形成了一整套山茶种植、加工、销售和生产的成熟管理模式。为了提高种

植收益，他们对黄芩的种植方式进行了创新，参照南方茶园，将原来的平地种植改为高垄种植，这样有利于黄芩生长、密植、节水，也便于田间管理，变一年采摘一茬为一年采摘两茬，产量和效益都翻了一番，茶叶厂的经营步入了专业化、技术化的轨道。在夫妻俩的运作下，黄芩由山间野草一跃变为村民的致富之宝。

挖到创业的第一桶金之后，他们开始扩大再生产。他们采取"合作社+农户+基地"的发展模式，在村里旧厂房的基础上，又建起了2000平方米的标准化加工厂，配套了原料库、生产车间、包装间、化验室、成品存放库等。山茶年产量8万斤，种植基地2处，引领农户种植山茶1000多亩，合作社雇用当地农民加工、生产、包装、销售等，解决就业人口30名，带动13户建档立卡贫困户脱贫。为了扶持更多哈乐镇的贫困户，合作社在日常生产和用工旺季，都优先使用贫困家庭有劳动能力的成员，并且以高于市场价格，收购贫困户的黄芩。在合作社建档立卡的贫困户的收入，由"合作社分红+工资+种植收益"三部分组成，尽最大努力肩负起企业参与扶贫助困的责任和担当。

为了保证合作社有充足、合格的加工原料，在黄芩种植环节，他们邀请相关部门对武川县内适宜种植黄芩的乡镇的水质、土壤等进行化验，以保证所生产的黄芩是未受任何污染的绿色产品。依托"合作社+基地+农户"的发展模式，采用委托农户按合同种植、土地流转、合作社成员种植等方式，在武川县西乌兰不浪镇、哈乐镇、二份子乡建起3个山茶规模化种植基地，种植黄芩2000亩，涉及农户50多户。合作社为种植农户提供优质黄芩种苗和全程技术指导与管理服务，按照协议价收购黄芩干、鲜茎叶，为农户提供黄芩根的市场信息，既保证了合作社有充足的合格原料，同时也为种植户增加了收入。从2014年到现在，合作社每年从种植基地收购黄芩干、鲜茎叶10万多公斤，为种植农户支付原料款60多万元。仅此一项，种植户户均增收近3000元。

创新永远是企业发展的无尽动力。王玲玲带领合作社先后开发出纯叶山

王玲玲（中）晒制山茶（武川县扶贫办提供）

茶、玫瑰山茶、百合山茶、雪菊山茶、沙棘叶茶等高、中、低3个档次40多个品种，并申请注册了"塞外山茶"商标，办理了QS认证，为产品走出大山、走向更广阔的市场奠定了基础。现在，合作社每年加工系列成品黄芩山茶6万公斤，销售额达200万元，利润约80万元。同时，合作社积极推进两大产业一体化，以茶业为主题，以发展旅游为载体，推进茶园景区化，景区茶园化。通过开发系列茶旅产品，丰富茶旅内容，挖掘茶旅文化，打造独特的武川县茶旅品牌，形成以茶促旅、以旅带茶、茶旅互融的一体化发展格局。

目前，"塞外山茶"在武川县和呼和浩特市区开设了80多家代理店，并以电商形式销往北京、天津、黑龙江、武汉、张家口、广州等全国各地，为武川县解决了200多人的就业问题。他们带领的"晟源山茶专业合作社"，为武川县开创了以本地产业带动贫困群众脱贫致富的新模式。

时代公正地为成功的创业者加冕，属于王玲玲的鲜花和掌声此起彼伏。2013、2014年，连续两年被县妇联评为农村妇女创业致富带头人；2014、2016

年,被共青团武川县委评为全县"青年创业之星"荣誉称号;2015年,呼和浩特市妇联命名德胜营村为"十全美丽庭院"示范村并举行挂牌仪式;2016年,被呼和浩特市授予"三八红旗手"荣誉称号;2019年3月,授予"全国巾帼建功标兵""自治区三八红旗手"荣誉称号。

正值盛夏时节,王玲玲出神地遥望着远处连绵起伏的阴山,近处是凝聚着心血和汗水的大片大片处于最佳生长期的黄芩。黄芩浓绿细密的枝叶丛中,一枝枝坚韧的长茎上簇拥着漂亮的宝塔状的蓝色花朵,自下而上开出一层层或蓝或紫的花蕾。蒙古高原浩荡的山风拂过,那一抹迷人的蓝色,在风中悠然摇摆,似有一种意象化的思绪在无形中升腾,犹如自己不断扩展规模的公司一样,生生不息。

在谈到未来的规划和发展时,王玲玲说,公司下一步在做好主打茶业的基础上,还要以国家乡村振兴战略为契机,大力发展乡村旅游、婚纱摄影和黄芩系列的旅游纪念品开发。让家乡的贫困户脱贫不是我的目标,带领父老乡亲致富奔小康才是我的梦想。

山茶是美的象征。在盛产茶叶的湖北省、江西省赣南山区等南方地区,人们用《采茶歌》来表达采茶时兴高采烈的欢乐场面:

> 百花开放好春光,采茶姑娘满山岗。
> 手提着篮儿将茶采,片片采来片片香。
> 采到东来采到西,采茶姑娘笑眯眯。
> 过去采茶为别人,如今采茶为自己。
> 茶树发芽青又青,一棵嫩芽一颗心。
> 轻轻摘来轻轻采,片片采来片片新。
> 采满一筐又一筐,山前山后歌声响。
> 今年茶山好收成,家家户户喜洋洋。

……

聚天地之精华、日月之灵性、阴山之豪迈的武川黄芪山茶,其香醇绵厚的缕缕茶香,正在飘过阴山,跨过黄河,走向内地,让热爱美好生活的人们,找到回归原生态大自然的感觉。

第4篇

白彦山村的无限生"鸡"

网上搜一下"武川县山林虫草鸡养殖专业合作社",功能强大的互联网瞬间把白彦山村姜和平养鸡的信息呈现出来。从信息资料上看,这绝对是千里阴山孕育的一个成熟养殖企业。殊不知,姜和平在养鸡行业已深耕近30年。试想,30年,是一个人从出生到而立之年的青葱岁月。姜和平在这漫长的岁月中,生活在阴山北麓哈达门高原牧场的小小角落里,看着无数批鸡娃的生长和衰亡,经历了几多苦难和欢乐。自古及今,成王败寇的理念根深蒂固,人们都愿意把鲜花和掌声送给成功者,却没人愿意倾听失败者的心酸诉说。其实,这些惨痛的教训更应总结梳理,以免后人重蹈覆辙。所幸我们看到了执着的力量,三十年坎坷风雨,"养鸡大王"姜和平的名气和风光旖旎的哈达门高原牧场一道,早已蜚声阴山南北。

只有十几户人家的白彦山村坐落在阴山北麓哈达门高山牧场脚下,属武川县大青山乡大兴有行政村的一个自然村,距县城仅10公里。交通的便捷,让年轻人不愿守着穷山沟过苦日子,陆陆续续到山外的广阔世界闯荡,为理想中的绚丽人生挥汗打拼。村里留下的大多是年老体衰的孤寡老人,数着亘古不变的日出日落打发日子。

在游人看来,白彦山村美不胜收。这里海拔2000多米,地处典型的高山草甸草原，四周群山环抱，绿树成荫，空气清新，生态环境优良。梅花鹿、狍子、狐狸、獾子、野兔和长着漂亮羽毛的山鸡在林子里出没，各种鸟雀纵情鸣唱，野生蘑菇等食用菌伸手可摘，一眼洁净的山泉从密林深处涌到村里，涓涓细流，四季终年不断。登高远望，武川县城尽收眼底，错落有致的楼群在阳光下闪烁着一片银色光芒。北山沿山脊处，秦汉古长城遗迹清晰可辨，倾圮的城墙湮没在萋萋荒草间，犹如一条巨大的土龙般绵延浩荡在阴山的崇山峻岭间，昔日的兵士、烽火和刀光剑影一同消失在风云流散的岁月长河中。东山麻会沟梁上，有一座大墓，下面有6个小坟头，民间传说这是宋朝大将焦赞之墓，引发不少考古人士和文人墨客的无限遐思。电影《周恩来与乌兰牧骑》曾在此地取景，也让小小的白彦山村引以为傲。

然而，这样风景如画的地方没能长出让农人满意的五谷庄稼，却为姜和平的养鸡事业提供了一展身手的舞台。

1985年，19岁的姜和平高中毕业，因家境贫寒不得不弃学务农，生活的窘境并没有让这个倔强要强的武川汉子失去对美好人生的向往和追求。当他从一篇报道中得知，某品种肉鸡能每月增重2.5公斤，两个月出栏，这不禁让他怦然心动。看着世代居住的白彦山村，莜麦、马铃薯只能解决基本的温饱问题，想过上富裕的好日子，就得另谋出路。

他把目光移到阴山脚下郁郁葱葱的大片林地以及村北水草丰美的希拉穆仁草原上。这些地方都是养鸡的天然优质场地，各种昆虫、嫩草、菌类、草籽是鸡的美食，鸡的粪便又是草场的最好肥料，无论从哪方面算这笔账，都比种传统的莜麦、马铃薯划算。于是，不甘一辈子过苦日子的他，向几个要好的朋友借了5000元，创办了白彦山村第一家肉鸡养殖场。

世上没有随随便便的成功，踏进哪一行都要交"学费"。缺人、缺资金、缺技术，不被理解，被人欺骗和养殖业的高风险……姜和平走出一条艰辛坎坷的创业之路。养鸡场开办之初，他只有一台破旧的摩托车。每到育雏期间，他要骑摩托车翻越几十公里的山路，到呼和浩特市的农贸市场购买鸡苗。破旧的摩托车由于使用时期较长，又没有足够的经费维修，各项机能严重老化，遇到陡峭的山坡要推车才能翻越过去。在经历了无数次的失败与挫折之后，姜和平的养鸡场管理日渐成熟。

近几年，随着人们生活质量的提高，农产品单纯对"量"的需求已经基本得到满足，很多中高端消费者对农产品的"质"有了更高的要求，优质绿色农产品受到越来越多消费者的青睐，孕育出巨大的消费市场，这都成为姜和平的养鸡场扩大规模的催化剂。产出的禽蛋产品绿色健康、味道鲜美。这里的禽蛋产品被人们亲切地誉为"五无"绿色产品，即无光污染、无水污染、无空气污染、无土壤污染、无兽药污染。2009年，姜和平创建了"武川县山林虫草鸡养殖专业合作社"，带领当地群众走规模化经营之路。随着"白彦山"和"山林虫草鸡"商标的注册成功，绿色产品和有机产品认证也在积极办理，姜和平的名字开始由武川县城传向首府呼和浩特市。

面对生养自己而又日渐凋敝的穷困山村，姜和平的内心久久不能平静。村里的老人和孩子只能靠种地为生，年景不好时吃饭都困难，年景好时粮食又卖不上价钱，很多身体有病或年老干不动的农户的土地就成片荒芜了。于是，他把村里那些荒废的山地、林地利用起来，用农户手里的富裕粮食搞生态养殖，既能解决"卖粮难"，又增加了农民的收入，农户也不需要投入多少精力和体力，可谓一举两得。同时，姜和平积极动员有散养土鸡经验的农户，以"合作社+基地+农户+品牌""合作社+基地+社员+散户"等合作方式，搞联合养殖，由姜和平的合作社统一提供鸡苗、技术、管理和销售，农户负责养殖。几年下来，姜和平的生产种植基地、粮油加工基地、饲料加工基地、种鸡场基地、蛋禽加工基地和销售基地，如雨后春笋般建立起来，不仅增加了农户的经济收入，也最大限度地降低了经营风险，调动了农户参与养殖的积极性。

2017年，姜和平的合作社与武川县各乡镇政府和扶贫部门达成协议：姜和平保证鸡苗的质量,免费送鸡下乡,出现伤亡不收费,每只鸡按市场价让利农户2元,其他费用由政府和扶贫部门负责。当年5月,合作社开始在哈乐镇圪料坝、车铺、坝圪素3个村委会、20多个自然村的精准扶贫户,以及住在幸福院的村民发放鸡苗7000多只。与县里一些部门联合,为可可以力更镇三圣太、大水圪洞、乌兰忽洞村的贫困户,发放扶贫鸡苗2000多只,为大青山乡坝口子村村委会、上秃亥乡五家村村委会发放鸡苗1000多只,为哈拉合少乡庙沟村村委会发放鸡苗2000多只。对养殖场所在地大兴有村村委会的50多户建档立卡贫困户,和一些老弱病残的特困户,姜和平免费发放了1000多只鸡苗,并回收他们的禽蛋产品。不仅如此,姜和平还为地处阴山南麓的清水河县和西部临县包头市固阳县投放鸡苗10万只,在区域精准脱贫攻坚方面体现了一个农民企业家的情怀。

到各村送鸡苗和收鸡蛋,是姜和平和他的合作社最费力的工作。武川县多山区,大大小小的村落如夜空中的星星,遍布在阴山北麓大山小岭的各个角落。每次送鸡苗,姜和平都是早上5点多起来,自己开车,一个村一个村地让这些可爱的小鸡雏安家落户。没有统一的接收点,再加上农户的时间大多比较自由,姜和平经常半夜才能返回,一天下来连一顿热乎饭都吃不上。

按姜和平的话说,送鸡苗还不算最辛苦的事,下乡回收鸡蛋不但辛苦而且有风险。二份子乡地处武川县域的最西北,再往西二三十公里就到了包头市固阳县,道路年久失修,到处坑坑洼洼,鸡蛋运输过程破损严重。但贫困村的包扶干部电话一到,姜和平二话不说就走。去时好办,回来就得绕道找平路走,一趟得走7个多小时,尽管这样,鸡蛋还破了不少。再加上村民这些鸡蛋存放时间较长,有的蛋黄蛋清已经半干。姜和平心里想的清楚,能为贫困的乡亲们做点事,让他们的日子过得好一些,自己受点经济损失算不了什么。

武川县哈乐镇永和泉村村委会贫困户王文忠家两个孩子都在读大学,每年的学费、生活费需3万元左右。全家靠种地为生,年收入不到1万元。2018年6

月,姜和平的合作社为他们送去青年鸡300只,并无偿负责技术指导、跟踪服务,负责回收鸡蛋和活鸡。王文忠再也不用愁孩子们的学费了。

二份子乡的一位70多岁的老母亲与脑瘫的儿子相依为命,以前都靠低保维持生活。自从姜和平送来鸡苗后,她就开始养鸡。每逢收购鸡蛋时,她都能获得不少的收入,生活也有了起色。她每每提起姜和平都满心感激,这些都给了姜和平无穷的动力。

近两年,姜和平免费为村民提供配套服务,累计为贫困社员无偿提供鸡苗1.5万多只,价值近20万元,为45户贫困社员无偿提供鸡舍建设资金2.5万元,带动140多户贫困村民发展生态养殖。2019年,他继续资助贫困户,为贫困户无偿发放鸡苗,让他们早日摆脱贫困。合作社基地养殖能力达到3万只商品鸡、育30万只雏鸡的养殖规模,帮扶的精准贫困户就达1000户。如何进一步通过产业发展带动更多的农户脱贫致富,仍然是姜和平的头等大事。

合作社成立至今,逐步从现代化的笼养鸡向原生态的散养鸡发展,从现代化的速生鸡向传统的农家土鸡发展,利用武川县独特的资源优势和环境优势以及自身的条件,开辟了一条绿色生态的养鸡之路。在科技扶贫中,姜和平也认识到科技对农业发展的重要性。为了使生态养殖业在武川县生根发芽,不断发展壮大,姜和平希望通过互联网为广大消费者提供高效、优质和精准的服务。他坚信"互联网+"一定会为生态养殖插上腾飞的翅膀,让武川县的农副产品走出中国,走向世界。

姜和平的合作社于2012年被全国中华供销合作总社评为"全国50佳优秀合作社";2013年被全国中华供销合作总社和自治区供销合作社评为"全国农民专业合作社示范社""全区20佳优秀合作社"称号;2014年被内蒙古自治区农业厅、科技厅、商务厅、畜牧厅、发改委、信用社、工商局、供销社联合评为"内蒙古自治区农牧民专业合作社示范社"。同年,"白彦山"商标被评为呼和浩特市知名商标;2015年合作社被呼和浩特市工商局评为"最美诚信个体工商户"。姜和平也被武川县人民政府授予"农牧业发展贡献奖"的殊荣。

谈到下一步发展规划，作为武川县第八届、第九届政协委员的姜和平说，再建个鸡蛋保鲜库、速冻库和冷冻库，扩大生产规模，还要参与县里的乡村振兴计划，继续带领贫困户和其他养殖户发展山林虫草鸡产业，让乡亲们通过产业发展脱贫致富。姜和平还进一步挖掘和发挥白彦山高品质生态资源的优势，把"生态观光旅游+农家乐"提上发展日程。因对脚下这片热土的挚爱，再加上多年的实践经验和雄厚的经济实力，他对此项目很有信心，已经开始认真考察和详细规划，同步推进筹划土地流转、村民入股的项目。他希望此举能够再走出一条助农增收的新路子，让村民们不再受贫穷的困扰，让幸福欢乐的笑声回荡在阴山的千峰万壑。

历史上，武川县是一个崇尚英雄和英雄辈出的神奇地方。帝王之乡，革命老区，原始丛林，古朴民风，无不彰显出神奇武川的独特风采。莽莽阴山，白道锁钥，千年征战，朝代更迭，成就了多少王侯将相的传奇霸业。铁马金鞍民族的每一次阴山突围，都上演了游牧文明和农耕文明激烈碰撞后的交汇融合的历史大剧。

没有人生来就甘于贫困，白彦山村那些看似面容平静、眼神淡定的父老乡亲，年轻时谁都有过光华灿烂的关于财富和幸福生活的梦想。姜和平和他的山林虫草鸡养殖专业合作社，用博大阴山赐予的无限资源禀赋，带领乡亲们向贫穷宣战，并成功突围！

第 5 篇

"农家乐"乐在阴山

发展乡村旅游"农家乐",日渐成为武川人脱贫致富奔小康的重要经济增长点。

一直以为,武川县博大深厚的阴山历史文化底蕴和独特的塞上风光,外人知之甚少。我在呼和浩特市生活了近20年,无数次翻越阴山,路过武川县前往200多公里之遥的国门口岸二连浩特。在走马观花者的眼中,和内蒙古草原上的所有旗县一样,一两条主街上楼房林立,再向外走出几道街巷,便是成片的红顶白墙小平房了。风沙一起,尘土便肆意飞扬,无处不彰显它的存在。只有进城时路边一块刻着"北魏重镇·武川"的大理石,以及道路两侧众多打着莜面招牌的饭馆,让你感到进入武川县境内,除此之外,这个朴素的高原小城在人们的印象中并没有什么特别之处。

历史和文化不会在你的脑海中自动生成久远深邃的记忆,它需要你用心去探究。

在武川县东西110公里长、南北60公里宽的大地上行走,什么才是武川县最靓丽的特色名片?你可以说是历史文化、北魏重镇、帝王之乡;可以说是农业,毕竟莜麦、马铃薯、油菜籽等特产声名远扬;可以说是中药材,黄芪、黄芩等上百种中药材品质独特,清代就有"正北芪之乡"的美誉;可以说是草原，北倚丰美辽阔的希拉穆仁草原，羊肉是著名的"后山三宝"之一；也可以说是革命圣地，武川县当年是大青山抗日游击根据地的中心地带，是全国19个抗日游击根据地之一，有"塞外小延安"之称；等等。

我认为，最准确的定义莫过于"阴山文化"，武川县的人文地理、特色物产、历史传说等，无不拜巍峨雄浑的阴山所赐。

"敕勒川，阴山下。天似穹庐，笼盖四野。天苍苍，野茫茫，风吹草低见牛羊。"北朝民歌《敕勒歌》描绘出的阴山壮美景象千古传颂。金代诗人元好问诗曰："慷慨歌谣绝不传，穹庐一曲本天然。中州万古英雄气，也到阴山敕勒川。"清代诗人沈德潜评价为："莽莽而来，自然高古。"大道至简，与江南精雕细刻的亭台楼阁相比，塞上武川不事雕琢的原生态古朴，才是最光华靓

山村农家乐（武川县扶贫办提供）

丽的名片和底色。

从呼和浩特市回民区出城，沿呼武公路北上，向武川县城进发。

车辆在盘山公路上穿行，每拐过一个弯道，都明显感觉海拔在不断升高。这是北上翻越阴山最重要的一条通道，十几公里处就是著名的千古阴山锁钥——白道，历史上发生在这里的战事数不胜数。前行20多分钟，车辆七拐八拐，便到达2000多米的最高点。回首南望，便可俯视呼和浩特市参差有序的高楼大厦，在阳光下泛着城市特有的淡青色的光芒。顺山势下行五六百米的海拔高度就到了武川县城——可可以力更镇。

武川县的地形酷似一个东西横卧、两头大中间小的马铃薯形状，东、南、西三面阴山环抱，北面是一望无际的广阔塞上草原，武川县处在一个马蹄形的盆地中。从县域经济总体发展规划上看，中东部地区水利条件较好，留村人口较多，划定为现代生态农牧业发展区；南部山区生态环境较好，旅游资源丰富，划定为生态文化旅游发展区；西部地区风蚀沙化严重，生态脆弱，划定为生态修复区。

一个至今尚未通火车的国家级贫困县，一般会是一个没有被工业污染的原生态地区。

从发展旅游业的角度来看，这是一块真正的塞上净土，等待大规模、深度、精细开发。

花这么多笔墨叙述武川县的地理位置和文化特色，是想说武川县作为呼和浩特市的后花园，在全国乡村旅游市场蓬勃兴起且持续高速增长的情况下，主打阴山文化品牌，大力发展"农家乐"，具有得天独厚的优势。

"村子里头的猪，沙沙地里的土豆，后山圪蛋的羊，武川畔畔的莜面。后山人，后山情，农家菜……"成为武川县"农家乐"的醒目招牌。

在可可以力更镇大水圪洞村，有一家"吉恒太农家院"。古色古香的大门，朱红油漆的长廊，中式餐厅与蒙古包相结合的配置，既有民族特色又不失农家风味，开业以来一直宾客盈门。张如钢经理年轻时在外面闯荡，历经一系列失败之后，终于在石材生意上赚得人生第一桶金，后来又在房地产和装修行业小有成就。2014年，36岁的张如钢放弃城里的公司，投资200多万元，回村办起了农家院。在城里多年的打拼，他深知现在城市人的口味，所以在武川特产莜面、土豆和后山羊肉上大做文章。他不雇用专业的厨师，他说城里专业厨师炒不出农家饭菜的味道，饭店从业人员都是本村的农民。身为共产党员的张如钢，没有忘记自己的特殊身份，他的"农家乐"尽可能地雇用当地的贫困户，每天100元的薪酬对这些困难群众来说是一笔相当可观的收入。暑假期间，他还以优厚的工资待遇，通过教育部门为两个家庭困难的大学生安排假期工。不仅如此，他还动员村里的贫困户和其他村民发展养殖业，农户的猪、鸡、羊、牛、鸡蛋等农畜产品，他的"农家乐"集中收购，大部分用于饭店食材，还有一部分卖给就餐的游客。一个"农家乐"，带富了一村人。

得胜沟乡李齐沟村的贫困户李峰林，是老支前模范张兰女的后人。抗日战争时期，张兰女积极参加妇救会，给八路军送情报、做军鞋、救护伤员，为大青山抗日根据地做出了贡献。1951年国庆前夕，张兰女作为大青山革命根据地的代表，光荣地参加了国庆观礼，并受到毛泽东、周恩来、朱德等党和国家领导人的亲切接见。张兰女的儿子李峰林一直在李齐沟居住，靠着几亩贫瘠的山地度日，他先后尝试养过鸡、羊、野猪等，但都没有成功。李齐沟在抗日战争时期是绥西武归县八区政府所在地，革命先辈郝秀山曾担任八区区长，当地百姓称之为"郝区政府"。

近年来，武川县依托革命老区的红色旅游资源，大力发展红色旅游。2016年，李峰林开始筹办"农家乐"。他借美丽乡村建设之机，将自己的老宅翻修改造，新盖了6间砖瓦房接待客人，吃的是自己家生产的纯天然、无污染的农副产品，游客们既能接受红色教育，又能吃到可口的农家饭菜，李峰林的脱贫致富也有了产业支撑。谈到未来发展，李峰林充满信心，他准备再开设烧烤场地、帐篷营地、大棚采摘和民俗体验，不断拓展旅游项目，带动乡亲们共同致富。

在大青山抗日游击根据地展馆的后营子村，原本在外打工的赵秀秀和华明旺夫妻俩，看到这几年游客逐年增多，便筹措资金回乡开了一家"明秀园"农家院。赚回本钱后，开始筹划扩大规模，准备新建住房，为游客提供住宿服务。

后营子村有个"秀秀农家院"。已开了9年农家院的温秀秀，这些年早已赚得盆满钵溢，计划再盖几间窑洞式客房供游客居住。温秀秀两口子借助政府的支持，通过自己的努力经营，从过去即便省吃俭用也仅够供孩子上学的生活境况，到现在年纯收入稳定在八九万元，脱了贫，致了富，夫妻俩成为转变思路奔小康的代表，还上过中央电视台的《农广天地》，这让乡亲们看到了新的

窑洞农家乐（武川县扶贫办提供）

致富门路。

脱贫攻坚战打响以来,武川县为拓宽农民致富渠道、增加农民收入,接连不断地转变发展观念,创新发展思路,充分依靠独特的资源优势,着力打造"特色文化旅行名县",踊跃发展"农家乐"旅行,通过"三结合"增进了"农家乐"旅行的优化升级,进一步繁荣了农村经济。

"农家乐"与"红色圣地游"相结合。武川县红色旅行资源非常丰富,大青山抗日游击根据地是全国19个抗日根据地之一;得胜沟大青山抗日游击根据地司令部遗址被中共中央办公厅、国务院办公厅列入"全国红色旅游经典景区名录",被中宣部命名为全国爱国主义教育基地,被自治区纪委、宣传部、组织部命名为全区廉政教育、爱国主义教育及其干部教育基地。红色教育、红色旅行已成为革命老区农民发家致富的渠道之一。依托红色资源,大青山抗日游击根据地展馆、李齐沟郝区政府、八路军司令部旧址、井儿沟烈士陵园等,形成了红色旅游的带状格局,具备发展红色旅游的先天条件和雄厚基础。得胜沟乡组织村民通过大力发展特色"农家乐"增收致富,通过"一乡一业""一事一议""一村一品"等惠民措施改善了基础设施,在得胜沟乡、蘑菇窑乡、东坡村等建起了21家"农家乐"。在农户自筹20%的基础上,县旅游局投资30万元,统一为6家有规模的"农家乐"进行升级改造,配备统一标识。现在,得胜沟乡"农家乐"营业户每年可接待游客少则千余人,多则上万人,年纯收入约3万元左右。

"农家乐"与"原生态绿色游"相结合。哈达门高原牧场坐落于武川县大青山乡境内,是中国森林公园、中国AAA级旅行景区,距呼和浩特市仅27公里,是呼和浩特市打造"京津夏都"的重要组成部分,也是武川县"绿色游"的重要地区。景区以游牧文化、高山牧场森林公园为主体特色,蓝天白云,绿树葱茏,空气清新,目前已建成的主要景点有:游牧古城接待中心、敖包祭祀区、夏营盘游牧风情体验区、料木山观景台、桦林沟、露天剧场等。武川县充分依托绿色资源优势，在哈达门高原牧场周边农村大力发展"农家乐"。目前，大青山乡五道沟村已发展接待户29户，每户年均纯收入5万元，最高可达15万元，年接待游客人数10万人左右，旅行总收入达到60万元。

"农家乐"与"品牌土特产"相结合。武川县相当多土特产享誉全国，莜面、土豆、羊肉，以及黄芪、黄芩等众多品质俱佳的中药材，在"农家乐"旅游发展成熟的地方，把特色产品进行一定程度的加工并销售，既满足了部分游客的需求，又有效增加了当地农民的收入。武川县通过大力发展农村经济专业合作组织，引导农民把种植、加工及销售统一规划，建立了产供销一条龙的新型发展模式。目前，在一些"农家乐"发展较好的地方，正在做羊肉、莜面、粉条、胡麻油、笨鸡蛋、麻鸡等特色产品粗加工销售的尝试，为下一步乡村旅游的发展和壮大做好了准备。

武川县继续重点开发休闲度假、历史文化、公路沿线农家民俗等旅游项目，提升农家乐休闲观光和特色餐饮服务水平，打造井尔沟、得胜沟红色旅游精品项目，沿武川县城至格根塔拉和希拉穆仁两条草原旅游通道，打造以"农家乐"为主要形态的乡村民俗旅游特色村。对发展乡村民俗旅游的贫困户，每户给予1000~5000元补贴，鼓励业主招聘贫困人员参与经营。通过财政扶贫资金投入、贴息贷款、小额贷款等金融方式扶持贫困户，利用农家庭院、农家生活和乡村文化，发展以"吃农家饭、住农家屋、干农家活、享农家乐"为主题的乡村民俗旅游，为脱贫攻坚"突围"战推波助澜。

没有文化就没有旅游。发展旅游业，竞争的关键是特色，特色的内涵是文化，文化的根基是历史，历史的价值在于挖掘潜能。武川县4885平方公里大地上深厚的历史文化底蕴，就是发展乡村旅游的丰厚资源。

一条走西口的古道，就是一部内地先民浪迹塞北的历史；一座屹立千年的白塔，就是辽、金、元三代北方少数民族策马丰州滩的真实见证；一首苍劲悲壮、慷慨激昂的《敕勒歌》，就是展现阴山原野牧歌的壮美，留给人们无尽的憧憬和遐思的写照。

"秦时明月汉时关,万里长征人未还。但使龙城飞将在,不教胡马度阴山。"唐代大诗人王昌龄的《出塞》,千百年来激起多少英雄豪杰倚天拔剑、血战沙场的浩然正气!

武川县的旅游定位就是要让游客找到人生豪迈的感觉。

"昔年今日渡松关,车马崎岖行路难。瀚海潮喷千浪白,天山风吼万林丹。气当霜降十分爽,月比中秋一倍寒。回首三秋如一梦,梦中不觉到新安。"成吉思汗麾下肱股大臣耶律楚材的笔下,写尽了阴山晚秋的壮美风光。面积55平方公里的哈达门高山草甸牧场上,到处是鲜花盛开的春天。淖尔梁高山湿地清泉潺潺,涌动着无边的绿色波涛。

武川县就是要让游客流连于阴山的无限美景,让首府成为交通中转站。

"骑射胡服捍北疆,英雄不愧武灵王。邯郸歌舞终消歇,河曲风光旧莽苍。望断云中无鹄起,飞来天外有鹰扬。两千几百年前事,只剩蓬蒿伴土

得胜沟乡农家乐(武川县扶贫办提供)

墙。"著名历史学家翦伯赞的诗句,深深缅怀了一代英豪赵武灵王。

武川县境内纵横交织的赵长城、秦汉长城、金界壕,就是旌旗猎猎、两军对垒历史风云的再现,万里茶道驼铃叮咚,白道岭千年风云战事,青山古刹关帝庙,就是发展乡村旅游得天独厚的天赋资源。

贺龙曾引用武川民谣"瘦马烂鞍子,大青山上转弯子",说:"转得好,转出一片铁打江山,转得敌人找不到东西南北。"毛泽东主席运筹帷幄,贺龙元帅龙腾北国,李井泉横刀立马……打出了"塞外小延安"。

武川县红色旅游永远是中国共产党人的朝圣之地。

面向巍巍阴山,发展乡村旅游,武川县才刚刚起步。

第6篇
草业绘就生态富民新画卷

造物主喜欢开玩笑。

东西横亘的巨大阴山山脉就是一道分水岭，地处南北两麓的人们生活也是冰火两重天。南麓是一望无际的土默川平畴沃野，河流纵横，物产丰饶；北麓是高海拔、风沙大和砂石遍地的贫瘠土地。武川县地处北麓，缺少绿色一直是其发展史上的痛。地处阴山深处的村民们看天吃饭，微薄的收入勉强果腹，尤其是西北部几个乡镇，已经到了"一方水土养育不了一方人"的地步，国家级贫困县的"帽子"压得17万武川人透不过气来。在这场脱贫攻坚战中，先天资源禀赋严重不足的武川县如何在困境中"突围"？

绿色是生命力的象征。在习近平总书记"绿水青山就是金山银山"理念的指引下，武川县经过艰苦的探索，把富民强县的突破口定在草业发展上——向大地荒山要绿色！

位于县域最西北、生态环境最恶劣的二份子乡率先拉开战幕。

这个总面积763平方公里，西、北两面分别与包头市固阳县和达茂旗交界，东、南与本县西乌兰不浪镇、哈拉合少乡毗邻的贫困乡，地势呈西高东低、南山北川之态势，平均海拔1700米，由山地、丘陵和相间穿插的河谷盆地构成，丘陵、山地占一半以上，气候属干旱、半干旱草原气候，温差比较大。

一场从春刮到冬的猎猎风沙，吹得砂石裸露，吹散了村民们所有关于财富的梦想。瘦弱的羊在山川旷野上耐心地寻找可怜的一抹绿色，并不比沙里淘金容易。

武川县委、政府深入调研论证后，决定将二份子乡列为生态修复区，制定了"修复生态、移民安置、立草为业、兴牧致富""四位一体"发展战略，决心打造占地500平方公里的"生态修复区"，为全县生态富民发展大计破冰蹚路，积累经验，做出示范。

十万亩柠条项目正式启动。从2014年开始，二份子乡按照县委、县政府打造"草业大县"的部署，把脱贫攻坚、美丽乡村建设与发展草业绑在一起，向绿色生态要经济效益和社会效益。发展草业的前提是整合出集中连片的土地，于是政府牵头，在农户自愿的基础上进行土地流转，由草业办、农牧业局和乡

草业种植基地（武川县扶贫办提供）

政府组织农户，集中连片种植多年生菜花苜蓿和沙打旺等优质牧草，不仅为当地生态畜牧业发展提供了充足的饲草，同时相间种植沙棘、柠条等防风固沙灌木，有效地改善了当地的生态环境。所种植的牧草由农户管护，收入归农户所有，实现生态效益、经济效益和社会效益的同步发展。

牧草怎么种？种出的牧草出路在哪？这是农户最关心的事情。在各级政府的带动下，牧草工程选用白柠条、紫花苜蓿和沙打旺等优质种子，采用4米柠条带4米草带机械整地带状作业方式，集中连片打造西北风蚀沙化区10万亩柠条、优质饲草生态产业重点区。为更好地发展产业带动作用，解除牧草种植户的后顾之忧，县林业局、农牧局和二份子乡通过招商引资，引进柠条、饲草精加工企业，采取"企业+农户"经营模式，对农户种植的牧草和柠条进行统一收购和加工，确保农户有稳定的收入。同时，安排流转耕地的农民到企业就近就业。在周边村庄引导农户发展舍饲养殖，建设高效农业和高效林业，提高经济效益，带动贫困人口脱贫致富。

说起来容易做起来难，理论设计和实践落实有天壤之别。二份子乡的草业发展同样经历了艰苦的涅槃蜕变过程。

难度最大的是移民搬迁工程，把农户从"一方水土养育不了一方人"的生态恶劣区搬迁出去，全力发展草业。都说热土难离，民间一直有"金窝银窝不如自己家的狗窝"之说。讲的是人要离开世代居住的家园，首先要过心理关和感情关，民间传说中的玉皇大帝主政天宫都要求"鸡犬升天"，何况是没多少文化的农民。武川县各级党员干部开始向大地要绿色的长征路。

按照《内蒙古自治区生态脆弱地区武川县2013年移民扶贫工程》，二份子乡党委和政府首先进行了移民搬迁和土地集中流转工程试点，摸索出一条"政府引导、群众自愿、政策支持、自主搬迁、一次规划、分年实施、重点突破、整体推进"的"二份子乡易地扶贫搬迁新模式"。全乡132个自然村中，2016年在试点成功的基础上实施移民搬迁97个自然村，涉及5637户16586农业人口，并对16个自然村进行了"美丽乡村建设"，其中10个村主要工程是建设互助幸福院。2017年，移民搬迁15个自然村，涉及1170户3703农业人口；2018年，全部完成搬迁和互助幸福院建设。全乡共规划建设互助幸福院14处、1647套，供65周岁以上的搬迁户、低保户、贫困户、分散五保户和残疾户入住。

实施易地整村搬迁后，在农户自愿的基础上，将所有搬迁农户的耕地由政府集中统一流转，视土地质量每亩每年予以100至160元的补助，流转期为10年，种植多年生牧草，牧草收入全部归原承包农户所有。2014年和2016年两年共流转耕地14.88万亩。另外，积极争取上级退耕还林、退耕还草项目指标，3年共实施退耕还林7.36万亩，2017年实施退耕还草10.6万亩，昔日荒寂的土地开始铺青叠翠，绿色流淌。

移得出仅仅是迈开的第一步，如何让群众稳得住、能致富才是各级政府的终极目标，也是各级政府实施扶贫举措的集中发力点。

二份子乡姚家村距武川县城75公里，辖7个自然村，总面积35平方公里，耕地面积1.6万亩。历史上的姚家村，是土地荒漠化最严重的地区，贫瘠干旱的土地连人们果腹的粮食都难以产出，更谈不上致富了。2014年，该村被列为国家级贫困村，经过精准识别，有41户112人评定为建档立卡贫困户。

2016年，根据当地自然条件情况，政府经过深入调研论证后，决定对该村实施生态移民整村搬迁，共涉及358户858人实施移民，7个自然村符合条件的村民高高兴兴地搬进了位于火烧羊圈自然村幸福院的64套新民居。幸福院进行街巷硬化，安装自来水、广播电视、宽带，文化室、卫生室、便民超市配套设施一应俱全。政府给每人补贴资金1.5万元；土地流转1.62万亩，每亩补贴100元；退耕还林2390亩，每亩补贴90元，土地流转全部种植优质的紫花苜蓿牧草。2015年，利用"三到村、三到户"（规则到村到户、项目到村到户、干部到村到户）财政扶持资金为每个贫困户补贴6400元购买39头基础母牛，花费30万元购买3头种公牛。2016年，村委会利用扶贫开发资金90万元，为贫困户建成30套牛舍，配套了集中圈舍饲养的基础条件。3年来，贫困户们当初分到的基础母牛产下的小牛，加上后期追加资金购买的肉牛，全村已有牛460头，常住户户均7.5头，仅贫困户养牛186头。平均每户5头左右，不断壮大贫困人口的养殖业，提高他们持续增收的能力。

56岁的村民刘广龙，家里有100多亩耕地，贫瘠沙化的土地产出连温饱问题都解决不了，日子过得非常拮据。如今，政府组织将土地全部流转出去，每亩每年有100元的流转费。家里还养了5头牛、30多只羊，吃穿用度不愁，每年还能储蓄一部分，他对未来充满信心，打算继续扩大畜群，把养殖规模慢慢做大。

母花以力更自然村60岁的蔺兰柱，2014年只有1头母牛，到现在已经发展成6头牛。除此之外，他家的48亩土地流转出去，每年还有4800元的收入，加上政府每年发放的1500元粮食综合补贴，吃穿和正常花销不用愁。蔺兰柱的妻

广袤草场（武川县扶贫办提供）

子在每年5月至8月的草原旅游旺季，都会去希拉穆仁草原度假村务工，每月有三四千元收入，一家人的生活越过越滋润。

与此同时，呼和浩特市庆龙汽车用品有限公司在花西村落户开业。作为二份子乡的产业扶贫项目，可以辐射带动花西、南苏计、双玉城、南湾、五份子等5个行政村433户953人进入这项全新的产业链条中，建档立卡贫困户、低保户、五保户、残疾人家庭、单亲家庭及一般农户，能够从劳务收益、财产收益、资产收益、生产收益等几个方面得到增收。公司优先安排有劳动能力的贫困户务工，根据男女年龄和文化程度，从事车载坐垫缝纫加工、安装松紧带等简单的劳动，每人每月都有1000到2000多元的收入。公司下一步计划，把在周边流转的贫困户土地利用起来，用于种植生产汽车养生坐垫所需的原材料苦荞，让贫困户获得更多的收入。

十万亩草场激情扎根绿大地，一个草产业带动百姓脱贫致富奔小康。"草业强基、牧业富民、生态兴乡"，已成为二份子乡迈入新时代的发展战略。按照"风蚀沙化生态恢复型、特色种养结合型、草种采籽型"，以蒙草等企业为龙头，集中连片流转土地，形成规模稳定的优质牧草种植区，全乡45万亩土地，只有19万亩用于耕种，其余全部进入生态区项目建设，优质牧草种植面积达到100万亩。

如今，走在二份子乡广阔的山川大地上，成片的柠条和紫花苜蓿迎风舒展，掩盖了砂石遍地的贫瘠土地，到处张扬着充满生命力的绿色。

贯彻"绿水青山就是金山银山"理念，武川县没有止步。

哈拉合少乡境内有以马场梁为轴心的天然山地草场70万亩，这里水草丰美，山间溪水流畅。据历史记载，宋代这里曾是北国萧太后皇家的牧马地，马场梁由此而得名。武川县围绕建设首府北部绿色生态屏障的总体目标，推出了"六乡连体生态工程"建设，从西起哈拉合少乡的杨树坝，由西至东涉及原西乌兰不浪、纳令沟、中后河、东土城、上秃亥、可可以力更镇、厂汉木台，至耗赖山乡的二号地村，在全长110公里的地域内，继续推进植树造林工程。自2000年退耕还林工程实施以来，武川县共完成工程造林面积35万亩，占全县退耕还林工程的39.7%。通过造林、禁牧、封育多措并举，使林草覆盖率在80%以上，植被类型丰富多样，水土流失得到有效治理，生态环境趋向良性发展。

进入新时代的武川县，没有仅仅满足于脱贫致富，而是站在更广阔的视野，确立了"生态立县、绿色强县"的发展定位，在全县规划东西跨度110公里、平均宽19公里、总面积2090平方公里的区域内，用7年时间（2019—2025），集中实施宜林荒山荒坡造林绿化、沟壑河道综合治理、破坏山体恢复治理、自然生态保护修复、森林乡村建设、森林质量精准提升、实施生态移民、实行全面禁牧、绿色富民产业等9项重点工程，完成综合治理任务300万亩，扎实推进阴山北麓环境保护和修复，筑牢祖国北疆重要生态安全屏障。

荀子曾说："下贫则上贫，下富则上富。"富国必先富民，这关系到民心向背。

在武川县西部实施草业生态修复区的几个乡中，有一条纵贯二份子乡、西乌兰不浪镇、哈拉合少乡的古代巨大军事工程——金堑壕，人们习惯称之为金长城。它由包头市达茂旗入境，纵贯武川县境内57公里，有11个边堡、60多个烽火台，向南止于武川县哈拉合少乡庙沟村西南。

庙沟村虽小，但不缺惊心动魄的历史故事。村南面是阴山，山势高峻，峰峦起伏，河谷幽长，因此在辽金时期被称为"夹山"。当年辽朝末代皇帝天祚帝在金兵的追击下，一路奔逃，最后遁入夹山。因夹山易守难攻，天祚帝在此苦撑了3年，在离开夹山奔向西夏路上被金人俘获，辽代灭亡。

王朝的兴衰此消彼长。公元12世纪，蒙古崛起于额尔古纳河流域，不断南下攻掠金朝。为了防御和阻止蒙古人的入侵，金朝沿北部边界，自东向西修筑了金长城。东起东北路招讨司（今嫩江西岸莫力达瓦达斡尔族自治旗），西南经西北路招讨司（驻桓州，即今正蓝旗西北），终于西南路招讨司（驻丰州，今呼和浩特市东），总长度达5000公里，是草原上名副其实的万里长城。金长城由壕和墙组成，掘壕取土在内测筑墙，壕深加墙高在4米左右，每隔10多公里建有边堡，做屯兵之用。

金朝倾其国力修建的横亘北部边疆的巨大军事防御工程，在蒙古铁骑狂风暴雨般的攻击面前，很快土崩瓦解。强悍勇猛的蒙古人越过金长城，南渡黄河，挥师南下，饮马长江，问鼎中原。于1239年灭南宋，完成了中华民族历史上又一次大一统。

站在夹山向西北远望，金长城似一条苍龙在阴山巨大的山谷间、广袤的田野草原上时隐时现，一路奔腾蜿蜒而去。历经八九百年风吹雨打，高大墙体早已化作一条塞上萋萋芳草间的低矮土丘，昔日铁马嘶鸣、旌旗蔽日、两军在金长城前对垒攻夺的金元时代，早已随风远走，悄然湮没在历史长河中。

古人云：形胜固难凭，在德不在险。一个国家、一个民族要想强大，并雄踞世界民族之林，不能仅仅凭借雄关险塞，而是要凝聚全民族的磅礴伟力，开创民族复兴的伟大事业。

正如习近平总书记所说："老百姓是天，老百姓是地。忘记了人民，脱离了人民，我们就会成为无源之水、无本之木，就会一事无成。我们要坚持党的群众路线，始终保持党同人民群众的血肉联系，始终接受人民群众批评和监督，心中常思百姓疾苦，脑中常谋富民之策，使我们党永远赢得人民群众信任和拥护，使我们的事业始终拥有不竭的力量源泉。"

莽莽阴山脚下，武川县的绿色产业"突围"在继续……

第 7 篇
乌骨羊走出致富新天地

沿呼和浩特市北上，行至阴山崇山峻岭中海拔最高点——坝顶，就进入了武川县大青山乡。穿过县城可可以力更镇，如果向西北行进便进入包头市属地希拉穆仁草原，向东北行进则穿越乌兰察布市辖地格根塔拉草原，直至位于锡林郭勒草原的中蒙边境口岸城市二连浩特市了。

大青山乡境内多为山地，平均海拔1700多米，是武川县的重点贫困地区之一。全乡64个自然村星星点点遍布在阴山巨大的沟壑山谷里，527.9平方公里的辖区面积，没能让不足万人的农业人口过上富裕日子。

兵家必争的通道和关隘，向来就不是百姓生活的富庶之地，倒是旅行者的好去处。阴山大青山段最为险要，奇峰耸峙，怪石嶙峋，集大自然鬼斧神工，造就雄、奇、险、幽之特点。阴山白道自古以来系征战兵马、商贾驼队进出阴山的重要咽喉要道，秦汉长城如巨龙般蜿蜒在山脊险要处，北魏皇帝行宫雄踞坝顶虎视中原和北望大漠，抗日将领吉鸿昌为民筑路架桥亲书"化险为夷"题词仍清晰可见，关帝庙坐南面北扬云长忠勇兼备过五关斩六将叱咤疆场之神威，大青山抗日游击根据地司令部运筹帷幄与日寇斗争佳话广为流传，哈达门高山牧场松涛阵阵、鲜花遍野是纳凉避暑之胜地，枪盘河纵贯南北哺育武川大地万千生灵……

武川县独特的地理环境和恶劣的气候虽不适宜种植五谷,却是中药材生长的天堂。境内野生药材种类繁多,主要有柴胡、防风、秦艽、芍药、大黄、黄芩等200多个品种,且品质俱佳,蜚声阴山南北,成为世代生活在大山里的人们谋生的重要渠道。

在近几年轰轰烈烈的脱贫攻坚战中,武川县大青山乡人把另一个奇特的珍稀物种引入大山深处,那就是中国独有的被称为"黄金羊""药羊""羊王"的乌骨羊。目前,全世界仅存不足5000只,其中纯黑色的存量不足2000只,是全世界唯一具有乌骨乌肉遗传性状的哺乳类物种,物种珍稀罕见,堪称羊中"大熊猫"。

2001年,乌骨绵羊首次发现于云南怒江傈僳族自治州兰坪白族普米族自治县通甸镇弩弓村。2006年,国家根据该产品的产地、特点,正式定名为"兰坪

草原乌骨羊(武川县扶贫办提供)

乌骨羊", 2009年被列入"国家级畜禽遗传资源名录""中国珍稀动物品种名录"。乌骨羊是乌骨鸡以外唯一具有可遗传性能的乌质性状动物, 牙龈和眼睑呈乌黑色。乌骨羊全身是宝, 研究测定, 乌骨羊体内富含黑色素、蛋白质、氨基酸、微量元素等多种营养成分, 仅黑色素一项是乌鸡的5至8倍, 是普通羊肉的16倍。每日适量摄入可提高免疫力, 美容抗衰老, 对孕妇、产妇、体虚血亏者、肝肾不足者、脾胃不健者效果更佳。全国范围内, 乌骨羊售价要高于普通羊数倍, 市场供不应求。

武川县在大青山乡培育和发展如此珍稀的品种乌骨羊作为脱贫攻坚项目, 并非盲目的选择。

乌骨羊外貌特征与藏系羊相似, 体大膘肥, 抗病性强, 耐粗饲, 适应性强, 对潮湿、寒冷、干燥气候均能适应。在较好的饲养条件下, 6月龄羊身高55厘米左右, 体重30~40公斤, 羔羊成活率98%以上。乌骨羊的产地云南省兰坪县通甸镇弩弓村位于海拔1900~2800米的玉屏山脉, 当地的粮食作物主要为苦荞、土豆、燕麦等, 牧场植被主要为高山草甸草场、竹类、箐谷灌木、云南松、刺栗、林间草场, 牧场水源为山林间的水泉。目前国内各省市养殖的乌骨羊源头, 都出自该村30公里范围内。无论是海拔、气候条件还是饲草种类, 武川县大青山乡的条件与乌骨羊的产地极为相似, 具备发展乌骨羊产业的必要基础条件。而且, 每只乌骨羊6000~18000元的"天价", 更适合山区农户少量精养, 成为短、稳、快的高收入致富好项目。决策之后, 项目正式启动。

高收益同样具有高风险。我们看到, 在武川县脱贫攻坚的进程中, 有雄厚实力的企业永远是推动产业项目落地的开路先锋。

2015年, 内蒙古草原乌骨羊生物科技有限公司选派专业技术人员, 并从云南兰坪上千只原生种群中精心挑选出29只乌骨羊, 不远千里由云南来到塞北, 落户武川县大青山乡大兴有村村委会四合义村利用财政扶贫资金建成的村集体养羊产业基地, 进行人工繁育和规模化养殖, 立志培育出遗传性状统一且稳定的纯系品种——草原乌骨羊。

以发展乌骨羊产业为引领，政府引导、公司实践、农户跟进，携手共创三赢格局。乌骨羊进驻武川县大青山乡，目标就是要将乌骨羊基地和县种羊场建设成为北方乌骨羊核心供种区。政府结合禁牧政策，以山地丘陵较多的大青山乡、哈拉合少乡、得胜沟乡为重点，充分利用现有的养殖企业，积极推进舍饲养殖方式，着力打造一批标准化、规模化程度高的养殖场。同时，多渠道争取资金投入，引导农户联合建立养殖专业合作社，采取"公司+基地+合作社+农户"的模式，辐射带动农民从事乌骨羊肉羊改良及优质杂交乌骨羊羔羊生产，推动大青山自然保护区内传统养殖结构调整，实现经济发展与生态保护的和谐统一，为全县大力发展本土特色肉羊品牌奠定了坚实的基础。

在推进过程中，政府重点把产业发展与脱贫攻坚紧密结合起来，利用各项扶贫政策支持乌骨羊的产业发展。他们积极申请"武川乌骨羊"注册商标，充分发挥这一独具特色的珍稀品种优势，实现高颜值、高市值，打造武川县又一高品质特色品牌。

目前，通过家畜育种、珍稀品种的保种和提纯复壮的研究及生产，以生物高科技为依托进行先进技术推广应用，依托行业领先的现代遗传生物技术，通过对原生乌骨羊物种进行提纯复壮和杂交改良，繁育具备优良遗传性状的草原乌骨羊。内蒙古草原乌骨羊生物科技有限公司现拥有纯黑色纯种乌骨羊1200多只，冷冻胚胎5000多枚，公司基地成为内蒙古自治区唯一存栏乌骨羊最多的繁育基地。

武川县的草原乌骨羊是在原生乌骨羊物种的基础上，运用人工授精、胚胎移植等现代生物遗传技术，通过提纯复壮进行人工干预，确保后代乌骨乌肉遗传性状能够统一和稳定。与萨福克、杜泊羊等优良品种杂交改良，能够强化乌骨羊自身的生理指标，提高出肉率，提升经济价值。同时，胚胎移植技术将繁育速度提高近10倍，能够快速形成规模化养殖。

最先受益的是乌骨羊养殖基地大兴有行政村,村委会和内蒙古草原乌骨羊生物科技有限公司签订了10年村集体羊舍及配套设施承租合同,年租金8万元,公司提供为村民土羊免费配种,并以高于市场价25%~30%的价格回收。这样,既壮大了集体经济,又促进了贫困村民增收。低风险、高回报,最大限度地调动了村民养殖品牌羊的积极性。9个自然村中,已经有10多家贫困户和公司签订了协议,目前已经有200多只土羊接受了人工授精。此外,除几户村民整体搬迁外,乌骨羊养殖基地附近的村民通过种植青饲料卖给公司,也可有一笔可观的收入,村民还可以免费取用羊舍的羊粪用于种地粪肥。

武川县扶贫部门与草原乌骨羊生物科技有限公司经过反复协商,签订了乌骨羊带动脱贫攻坚模式:一是规模化养殖,即建设"养殖小区",直接利用移民新村、养羊规模较大村的基础资源,通过公司给予种羊和人工授精建设支持,帮助贫困户和村民建立稳定的育肥羊收购销售渠道,使移民户养殖户相对集中在小区内,进行标准化杂交肉羊养殖。二是示范模式,即"家庭牧场",鼓励具有一定资金实力和经验的养殖大户、专业合作社购置数只纯种乌骨羊种公羊和一定数量的基础繁殖母羊,从事乌骨羊杂交繁育生产。三是单元养殖户模式。每户养殖10只以上土种羊作为基础繁殖母羊,形成1个专业养殖单元,公司提供配种服务,农户自己经营养殖。

为了通过养殖乌骨羊达到产业脱贫的目标,内蒙古草原乌骨羊生物科技有限公司针对擅长传统农业种植和没有养羊经验的贫困户,与其签订种植订单,按照保底收购价收购贫困户所需的饲草及农作物秸秆,畅通贫困户增收渠道。2018年,公司加大投入力度,生产收购乌骨羊1000只,选育顶级乌骨羊种公羊250只,带动农户生产乌骨羊杂交羔羊5000只,可覆盖大兴有乡周边贫困户250户。以贫困户每户养20只母羊计算,户均可实现收益10000元,比传统养殖多增收4000元。

在信息化时代,大品牌背后必有高科技专业人才扶持,草原乌骨羊同样谋求高质量、可持续发展之路。2019年8月，在呼和浩特市第二届创新青城院士论坛上，内蒙古草原乌骨羊生物科技有限公司作为内蒙古畜牧行业唯一一家与中科院正式签约单位，与中科院建立了乌骨羊科技项目研讨、建设产学研基地，对乌骨羊营养成分的专业检测与功能营养价值的论证等。本次签约标志着草原乌骨羊在科技创新与专业领域上迈向新台阶，对提升草原乌骨羊科技创新能力，引领和带动产业转型升级，主推草原乌骨羊专业化、高质量跨越式发展具有重要意义。

一头神奇的乌骨羊，为生活在阴山里的贫困群众带来了脱贫致富的曙光。

武川县有史以来以"奇"著称。阴山阻隔，风沙猎猎，苦寒之地，竟成为后人称颂的"龙凤之乡"。清乾隆年间史学家赵翼在《廿二史札记》中记载："周、隋、唐三代之祖皆出于武川……区区一弹丸之地，出三代帝王，周幅员尚小，隋唐则大一统者，共三百余年，岂非王气所聚，硕大繁滋也哉！"阴山屏障，白道锁钥，塞上草原，成就了多少英雄豪杰的霸业。他们如雄鹰一样掠过历史的长空，把马背民族的风骨融入中华文明的血脉。

有龙就有凤。鲜卑族美男独孤信，祖父俟尼"以两家子自云中镇武川，因家焉"。独孤信年轻时参与武川南河之战，被任命为武卫将军。独孤信忠勇有谋，英俊伟岸，治家有方。其长女嫁给宇文泰的长子宇文毓，宇文毓当了北周皇帝，独孤信长女被称为明帝独孤皇后。独孤信的四女儿嫁给唐高祖李渊的父亲李昞，后来追尊为元贞皇后。独孤信的七女儿伽罗嫁给隋文帝杨坚，成为历史上颇有名望的文献皇后。独孤信一家养育三女成为不同姓氏三朝皇帝的皇后，实在非凡人所为，即便是巧合，也属千年一遇，因此被后人戏称为"千古第一丈"。

车辆出阴山，在即将进入可可以力更镇时，公路边高高耸立着巨幅广告牌，"乌骨羊"三个大字让过往行人侧目。毕竟在很多人的脑海中，这是一个不为人知的新奇特珍稀品种。

政府全力推动,企业试点先行,带动农户跟进。相信在不久的将来,武川县的乌骨羊产业不仅会让大山里的困难群众走上致富之路,也会走出阴山,走向黄河内外的广阔市场,并成为武川县特色养殖业的一张靓丽名片。

第8篇

土豆变身"金圪蛋"

山药开花紫茵茵,

养育了咱祖祖辈辈后山人;

紫花、白花结圪蛋,

山药、莜面才是咱老百姓的饭。

……

这是阴山脚下武川人"爬山调"中经常传唱的两句歌词,"山药""圪蛋",是当地人对马铃薯的俗称。

一个个沙地里刨出来的椭圆形"土圪蛋",为何是大后山老百姓眼中的最爱?

据史料记载,咸丰五年、中华民国十八年两次罕见的自然灾害中,这个不起眼的"土圪蛋"曾救了口里口外、阴山南北不少人的性命。

虽说进入新时代,但传统的饮食习惯有其强大的延续性,这里的群众一日三餐几乎顿顿离不开它。其食用方法也是多种多样,单料做法有煮、焖、烧、蒸、拔丝、红烧、过油、凉拌、干炸等,还可以与面食混合,与肉菜炖在一起。总之,在当地人眼里,如果一桌大餐里没有马铃薯,似乎如厨师做菜不放盐,总让人有清汤寡水的感觉。

武川县地处阴山北麓农牧业交错地带,属中温带大陆性季风气候,有海拔高、风速大、日照充足、雨热同季、气候冷凉和传毒媒介少等特点,马铃薯正是喜欢低温的农作物。独特的地理位置和自然条件,非常适合优质马铃薯生长,且个大肉沙,适口性强,营养丰富耐储藏,素有"地下苹果""第二面包"之称,营养学家称之为"十全十美的食物"。

近年来,武川县马铃薯种植面积稳定在80万亩左右,年产鲜马铃薯16亿至19亿斤,当地农民收入中70%来自马铃薯生产。马铃薯,从最初原始的散种放养到如今规模化种植、加工和销售,早已完成质的蜕变,成了这个国家级贫困县农户脱贫致富的"金圪蛋"。

马铃薯原产南美洲安第斯山区,最早与另一原产作物玉米合称为"并蒂开

村民在马铃薯大田锄草(武川县扶贫办提供)

放的印第安古文明之花"。16世纪中期,马铃薯被一个西班牙殖民者从南美洲带到欧洲,那时人们总是欣赏它花朵的美丽,当作装饰品用。据《兴平县志》记载,16世纪时马铃薯已传入我国,历经300多年的传播,跨越明清两个朝代,外来的马铃薯终于在中国安家落户,艳丽的花朵开遍大江南北。目前,全世界的马铃薯主要生产国有中国、美国,马铃薯已成为全球第四大重要的粮食作物。

马铃薯因酷似马铃铛而得名,此称呼最早见于康熙年间的《松溪县志·食货》。中国东北、河北称土豆,华北称山药蛋,西北和两湖地区称洋芋,江浙一带称洋番芋或洋山芋,广东称薯仔,粤东一带称荷兰薯。

作为全县的主要农作物,马铃薯种植从农户自由散种,逐渐过渡到全县集中连片统一栽种模式。以前,农户单独种植,最大的问题是品种、管理和产量都上不来,又缺乏专业技术,病虫害防治、储存和销售也是最大的问题。哪一个环节出现问题,都可能让经济基础薄弱的农户收成大打折扣。

后来,县里开始整合种植马铃薯的所有资源,统一籽种、统一耕作方式、统一密植、统一测土配方施肥、统一微喷滴灌、统一锄草培土、统一病虫害防治,以科学种植为手段,加强对马铃薯种植和销售的科学、专业、规范化管理。政府鼓励农民以自愿流转的方式由企业种植,或以企业与农户合作的方式实现了订单种植,逐步使马铃薯步入高产高效的发展之路。

经过几年的快速发展,武川县的马铃薯产业逐步做大做强。如今,全县有80多万亩马铃薯获得无公害基地认定,60.8万亩、54.24万吨马铃薯通过国家农产品安全中心无公害马铃薯产品认证;50万亩、40万吨马铃薯通过国家绿色食品中心的绿色产品认证。全县马铃薯产业已初步形成了种植、贮藏保鲜、加工转化、市场销售一条龙的产业化发展格局。

信息时代,好产品更需要宣传和对外展示。县政府积极在互联网上招商,走出阴山到内地去推介,和全国数十个大中城市的超市建立了供货渠道,马铃薯也逐步走上了精包装上市之路，改过去土里土气简单的袋装，为精致的箱装，堂而皇之地走进大中城市的超市。所产种薯除供应本县外，还销往山东、山西、陕西、广西、辽宁等地，并跋涉草原远销蒙古等国。鲜食薯不仅畅销上海、武汉、南京、广州、深圳等24个省市自治区，并且漂洋过海，远销马来西亚、泰国、新加坡等国，而且走进了北京市小汤山、中南海供应基地。武川县已成为内蒙古自治区乃至全国优质马铃薯生产基地，被首届"中国·新西部高层论坛"命名为"特色经济最佳县——马铃薯之乡"。2008年，"武川土豆"成功注册地理标志证明商标，并成为2008年北京奥运会、残奥会运动员专用鲜薯，武川县也被有关部门确定为国家级绿色马铃薯标准化种植示范基地。"武川土豆"不仅是县域农村经济的一大支柱产业，也成了国内国际市场上一个响亮的品牌。

科技的发展进步，似乎使一切成为可能。没有办不到的事，只有想不到的事。

"武川土豆"的金字招牌早已蜚声阴山南北。利用这个响亮的品牌，武川县通过鼓励和引进企业创新实现了马铃薯的大变身。几百年来只能煎炒烹炸烧煮才能吃的马铃薯，变成了能"喝"的东西，着实让马铃薯种植农户大开眼界。成立于2013年4月的内蒙古蒙健生物科技有限公司，用两年时间上线了马铃薯氨基酸提取工艺，正式投产运营后，日生产能力达到4万支，实现了全国首家马铃薯氨基酸的提取运营和企业化生产运作，也为马铃薯的推广和销售开创了全新的模式。

每到金秋时节，阴山巨大的峰岭沟壑落英缤纷，武川县近百万亩的马铃薯开始出土。10亿公斤的产量，不可能在短时间内全部销售出去，于是存储就成了大问题。更重要的是，旺季储存的马铃薯拿到3~6月的淡季去销售，价格自然有很大的优势。县里开始加强仓储建设，建成大、中型贮窖5000多个，鲜薯贮藏能力达到7亿斤，为马铃薯旺储淡销提供了坚实的硬件基础，实现了马铃薯一年四季均衡供应，农户的经济收入也随之增加。

马铃薯储窖也有高低档之分。马铃薯在普通的储窖里只能储存6个月左右。随着天气转暖，温度逐渐升高，时间一久，马铃薯就开始发芽，不能吃了。于是，可调温控的储窖便应运而生，大大地延长了马铃薯的储存时间。2018年，呼和浩特市生态环境局经过深入调研后，为包扶的武川县花西村投资建设了一个调温储窖。这个占地面积约为2816平方米、建筑面积约为1220平方米的马铃薯储窖，安装了调温设备1台，散热机2台，吊顶式冷风机5台，可储存马铃薯及各类蔬菜、水果近2000吨，完全解决了全村的马铃薯储存问题。调温储窖归村集体所有，还可以对外出租，年可收租金8万至10万元，收益用于贫困户的大病治疗和临时救助等方面的开支。

市场本身有着规律性，马铃薯的价格也如大海中的波浪般起伏不定。在县政府围绕马铃薯从生产到销售做一系列文章的基础上，农户们也是八仙过海各

马铃薯种植业（武川县扶贫办提供）

显神通，让马铃薯在一次次变身中，创造了更高的经济价值。

35岁的郭建家住可可以力更镇霍家沟村，年轻时先后到上海、深圳、北京搞过推销，开过饭店，卖过衣服，到建筑工地当过小工。漂泊多年后，郭建于2005年回到自己的家乡。经历多了眼界就比较开阔了。南方发达地区的生产经营模式，给他留下深刻的印象。再看看家乡有这么丰富优质的资源，却还是老一套经营，等于抱着金饭碗讨饭吃，不甘心一辈子受穷的郭建开始在自家的地里做试验。

郭建知道城里人喜欢纯天然的绿色食品，所以他家地里的马铃薯全部使用农家肥，一点化肥都不用。2018年，他种植了100多亩"费乌瑞特"马铃薯。虽然马铃薯产量不如上了化肥的高，但价格上有优势，人们非常认可，这让他信心倍增。不仅如此，他还把大马铃薯包装成精致的纸箱，把小马铃薯加工成粉面、压成粉条在镇里销售。凭着厚道的人品和货真价实的好产品，硬是在盛产马铃薯的武川县城里打开了销路。他还把经验和模式传授给其他的村民，开发农村笨鸡、笨鸡蛋、莜面、猪肉、菜籽油等绿色生态农副产品，改变了全村人的传统种植模式，多种绿色农作物开始风行起来。

在郭建和乡亲们的共同努力下，"沙土地种植专业合作社"正式成立。村里30多户150多人入社，精明能干的郭建被村民们推选为理事长。合作社社员们除种植传统的小麦、莜麦、黍子、菜籽外，还种植了300多亩不施化肥的马铃薯，产量高达40多万斤。面对马铃薯种植多、销售价格低廉等问题，郭建动员社员将大马铃薯窖储，等有个好价格再卖，将小马铃薯磨成粉，比直接出售多挣五六倍。如果将粉面再加工成粉条，比粉面的价格又高出了两三成。目前，霍家沟村的农副产品不仅在武川县城有了很高的知名度，而且还上了呼和浩特市的不少大饭店的餐桌。

2018年，武川县马铃薯产业协会正式成立，标志着马铃薯行业的生产经营企业以及农户有了自己的行业组织，对推动武川县马铃薯产业焕发出新的生机

收获马铃薯（武川县扶贫办提供）

和活力有着积极的意义。目前，全县内有马铃薯种植专业合作社50多家，专业大户200多户，马铃薯销售农民经纪人50多名。武川县以马铃薯种薯繁育中心为龙头，逐步形成了集科研、培育、扩繁、销售为一体的马铃薯品种多样化发展格局。

穷则思变。

没有人愿意终生和贫穷为伍，对于这些世代生活在阴山峰峦之下的农人，财富的璀璨光华和幸福生活的期盼，似乎只是遥不可及的梦想，一如乡野夜空中的星斗，看似触手可及，实则遥遥无期。穷日子过惯了，没有经济基础，没有专业技术，没有信息来源，没有外援力量，最后变得连致富的念头都被岁月的风沙打磨殆尽。他们只是在电视里看着阴山外面精彩的世界，却怎么也不能和自己的苦日子联系上。他们局限在田间地头几十亩贫瘠的土地上，祈盼着老天爷多下点雨，惦念着房前屋后的几棵果树，以及院子里屈指可数的鸡羊猪狗。他们在温饱线上下摇摆，无奈地打发一成不变的漫长岁月。人生被贫困的枷锁禁锢，无力"突围"。

如今，农户们欣喜地看到，幸福生活似乎来得既梦幻又真实。

土地还是那些土地，可生产方式却有了质的变化。企业为龙头带动农户集中连片规模化种植，科学专业的生产经营，天然绿色的农产品……农户的经济收入更是成倍增长。

马铃薯还是马铃薯，品种却不断地改良换代。目前，武川县建立了种植、管理、收储、加工、销售一条龙的产业链，连吃法都在花样翻新，小小马铃薯变成了致富的"金圪蛋"。

农户还是那些农户，盛世迎来了精准脱贫和乡村振兴战略，古老的阴山北麓发生了风云激荡的历史性变革。美丽乡村建设、"志智"双扶、科技兴农、绿色富农以及"互联网+"……让大山里的农民告别贫穷，迈向小康。

干部还是那些干部，他们面对党旗立下铮铮誓言，向贫穷宣战！脱下西装，走进田间地头，在这场没有硝烟的战场上，用汗水树起脱贫攻坚火线上的精神丰碑，在阴山脚下勾画出一幅富民强国的"百里河山图"。

高昂激越的"爬山调"又回荡在千里阴山：

千年铁树开了花，
穷人翻身当了家；

奶头上的娃娃忘不了娘，
子孙万代不忘共产党；

大青山高来枪盘河长，
习总书记带领咱奔小康。
……

第9篇
一粒燕麦演绎新辉煌

生活在阴山南北两麓的人都知道这样一句话,"后山三件宝,莜面、山药、羊皮袄"。在武川县众多的特产中,燕麦(莜麦)位列三宝之一,足见其在世代武川人生产生活中不可替代的作用。

在中国人日常食用的小麦、稻米、玉米等9种粮食中,燕麦的经济价值最高。燕麦的营养、医疗保健和饲用价值均高,是一种低糖、高营养、高能的食品。燕麦性味甘平,能益脾养心、敛汗,有较高的营养价值,适用于体虚自汗、盗汗或肺结核病人。煎汤服,或"舂去皮做面蒸食及做饼食"(《救荒本草》)。燕麦耐寒、抗旱,对土壤的适应性很强,能自播繁衍。燕麦富含膳食纤维,能促进肠胃蠕动,利于排便,热量低,升糖指数低,降脂降糖,既是高档补品之一,也是贫苦地区不可缺少的干粮。美国《时代》杂志评选的"全球十大健康食物"中,燕麦位列第五,是唯一上榜的谷类。

《本草纲目》说,燕麦"此野麦也。燕雀所食,故名"。燕麦在我国有2000多年的种植历史,是主要的高寒作物之一,为上等杂粮。唐代刘梦得有"菟葵燕麦,动摇春风"之句,说明燕麦在我国的栽培历史悠久,且各地皆有分布,特别是华北北部长城内外和青藏高原、内蒙古、东北一带牧区或半牧区上等高寒地区栽培较多。其生长期与小麦大致相同,但适应性非常强,耐寒、耐旱、喜日照。阴山北麓独特的地理位置和气候光照条件，造就了燕麦这种高品质杂粮。因而，武川县成为世界燕麦发源地之一，被誉为中国的"燕麦故乡"。

武川县的莜面好，饨风十里香。良好的口碑是人们长期食用后慢慢积攒起来的。一经流传，往往具有持久的生命力，甚至成为一个地区的代名词。多年来，武川莜面以其味香、精韧、色白而饮誉阴山南北，吃莜面成为武川人招待客人必备的特色美食。

武川县的莜面以哈拉合少乡的庙沟一带最为上乘。至于为什么，当地人会理直气壮地告诉你："庙沟的莜面碌碡湾的糕，榆树店的闺女不用挑。"

如果你再追问，为什么庙沟的莜面好？大多数人只能从吃莜面的感受上给你做解释，其他原因就说不清了。

庙沟村在哈拉合少乡的最南端，处于阴山山脉巨大的沟壑谷地之中，有上庙沟和下庙沟两个村子。从历史角度看，说这里是一块风水宝地不为过。上庙沟村就是金堑壕遗址的终点，在内蒙古大地上奔腾万里的金堑壕，从此处穿过阴山的崇山峻岭。宋代，此地曾是北国萧太后皇家的牧马地，马场梁由此而得名。辽代，天祚皇帝耶律延禧曾在此地设流亡朝廷，其召唤旧部的驿站"招还沟"就在上庙沟村的西南不远处。上庙沟、下庙沟的正西是土城子遗址，是汉

燕麦农场（武川县扶贫办提供）

代在五原塞山后设置的重要军事据点。1938年10月,国共双方在大青山的敌后游击主力——绥远民众抗日自卫军和八路军大青山支队的历史性会师就发生在这里。

上庙沟、下庙沟村四周山环水绕,中间有10多平方公里面积大小的山间盆地,这是阴山崇山峻岭中少有的山间开阔区域,饮誉阴山南北的庙沟莜面正是出于此地。

燕麦是一种个性很强的农作物,对土壤要求不高,尤喜凉爽但不耐寒,需要充足日照却不耐高温,高速生长期内需要集中降雨,这是决定其地理分布和燕麦质量的重要因素。这些"苛刻"的条件,使大自然为燕麦量身选定了地理位置独特的武川县。阴山山脉沿内蒙古高原南缘绵亘东西,山势险峻,海拔1800至2200米,境内地形由南至北逐渐低缓,东、南、西三面环山,构成了武川盆地。因为处于阴山地理状态的急骤过渡带,风高日朗,骤雨长云,具备燕麦生长所需的所有条件。武川县是一个大盆地,庙沟村就是大盆地中的小盆地,天孕地育,阴山风脉,成就了庙沟村莜面的绝世美名。

武川人种燕麦、吃莜面,也爱燕麦。俗话说:"三十里的莜面,二十里的糕,十里的荞面饿断腰。"这是说莜面耐饥饿,能量大,点火即熟,冷热皆宜,便于携带。在千百年来征伐不断的历史上,将士们风餐露宿,连续作战,燕麦就是最好的军粮,这一优势是小麦、玉米、谷子、水稻等粮食作物无法比拟的。

一粒粒纤细秀丽的小小燕麦,在武川人的口中历经上百年的咀嚼,吃法也花样翻新,堪称一绝。从最初简单的熬莜面糊糊、烙莜面片片、戳莜面块垒、打莜面拿糕、压莜面饸饹、搓莜面鱼鱼、推莜面窝窝、摸莜面刨渣、拌莜面炒面,发展到与武川县另一宝"山药"混合吃——蒸山药糕、捏莜面饺饺、卷莜面饨饨、摆金银棍棍、切生贡片片。最后竟然登堂入室上了餐桌,焖三宝(莜面、山药、炖羊肉)、凉拌莜面、素炒莜面等,成了阴山南北接待客人必点的一道大菜。

不仅如此，武川人在与莜面相依相伴的漫长岁月里，还总结出了春夏秋冬四季莜面的不同吃法。草木竞荣的春天吃素的，烩莜面或酸菜盐汤调莜面，辅以新鲜的葱、姜、蒜、香菜等，清爽可口；烈日炎炎的夏天吃凉的，土豆泥调莜面，辅以院子里刚摘下的蔬菜，消渴充饥；五谷成熟的秋天吃荤的，羊肉汤、猪肉汤调莜面，香味四溢；寒风凛冽的冬天吃热的，炖羊肉莜面、猪肉莜面，或者猪肉酸菜煮鱼子，御寒取暖，足以抵挡蒙古高原吹来的风雪。

然而，小小燕麦成了武川县在贫困中"突围"、推动经济发展、甩掉国家级贫困县"帽子"的主力军。2008年，"武川莜面"成功注册原产地商标；2016年，"武川莜面"成功注册为国家地理标志产品。

随着脱贫攻坚战役的不断深入，武川县委、政府提出了打造"四条产业链"的发展规划，以工业企业为主导，通过"企业+农户""企业+贫困户"的方式，积极推动燕麦产业的发展。经过几年的努力，燕麦产业从单纯的种植业，发展到集食品、保健品、文化旅游产业于一体的综合性产业链条，有力地助推了县域经济发展，为广大农民实现增收致富奠定了基础。

思路决定出路。武川县经过深入调查论证，在发现和认识到燕麦的潜在市场价值后，积极主动地在燕麦产业上大做文章。他们引导创新产业扶贫模式，培育龙头企业做大做强燕麦产业，调动农户种植的积极性，扩大燕麦种植面积，在种、管、产、销等环节加强与农户的利益联结，产生更好的效益。2012年，一个龙头企业应运而生，那就是内蒙古燕谷坊生态农业发展（集团）有限公司（以下简称"燕谷坊"）。

燕谷坊是武川县的一家以燕麦为主要生产原料的龙头企业。为调动当地农户种植燕麦的积极性，自2015年开始，燕谷坊实行燕麦订单种植，每年的订单收购价高于市场价30%以上，使燕麦订单户每户增收2000多元。2019年，订单种植农户发展到3500多户，燕麦订单基地面积扩大到4.3万多亩，分布在全县9个乡镇。企业对533户建档立卡贫困户实行帮扶"三到户",即种植订单到户、收割帮助到户、销售拉运到户。2018年,燕谷坊开展"麦风行动",走进建档立卡贫困户家中,挨家挨户了解情况,共走访贫困户906户,已签订单341户。此项行动不但让贫困户享受到每公斤1.65元的保护价,同时给予贫困户每亩18元的收割补贴和每吨20元的拉运补贴。

订单农业既保证了企业生产原料的供应,又有效地解决了农民卖粮难的问题。同时,订单农业还能有效地保证燕麦产品质量的可追溯性,从源头上把好关。通过发展订单农业,企业与农户的利益链接机制建立了,特别是对贫困户的保护价和补贴,确保了贫困户的种植收益,为开展脱贫攻坚、精准扶贫提供了可行的路径。

武川县在打造燕麦等绿色食品产业链的过程中,将产业发展的可持续性作为一个重点。以燕谷坊为例,公司在燕麦加工技术上持续投入人力和物力,历时3年研发攻关的国家专利技术——双涡流研碾工艺,在燕麦胚芽米生产的关键部位取得突破。在燕麦产品结构上,燕谷坊突破了以传统燕麦片、燕麦粉为主的格局,已开发有燕麦胚芽米、金牙大米、燕麦黑醋、燕麦清脂茶、燕麦高纤面、燕麦膳食纤维粉等系列产品,已拥有燕谷坊、谷典、谷济、可可以力、燕博士等30多个品牌。燕谷坊的全谷物燕麦胚芽米荣获"健康主食"金奖、第十届中国品牌节产品金奖。燕谷坊系列产品评为"内蒙古著名品牌"。

武川县以燕麦农耕文化为基础,不断深入挖掘燕麦的文化内涵,推出了以燕麦为主题的地方文化节庆活动——内蒙古·武川燕麦文化节,吸引了阴山南北大量区内外游客慕名前来品味乡土美食,欣赏塞上高原小城的田园美景。一批以莜面美食为主的餐饮企业渐渐兴起,由县城辐射到乡镇的"农家乐",为县域经济的发展增添了新的活力。

为了扩大燕麦产业的规模,提升产业的整体竞争力,武川县委、政府重点引进、建设以燕麦为原料的涉农企业,在政策方面给予多方面的优惠,使企业在自身发展的同时,带动贫困户实现脱贫。在这样的背景下,内蒙古西贝汇通农业科技发展有限公司、内蒙古兴农泰华有机农业有限公司等一批企业落地武川县金三角工业园区。2018年,内蒙古西贝汇通农业科技发展有限公司,与5000多户农户签订了6万多亩的燕麦种植与保价收购合同,带动农户规范种植燕麦,确保农民创收,共同致富。内蒙古兴农泰华有机农业有限公司正在申报2万亩有机燕麦基地。龙头企业的带动为燕麦从种植到精深加工全产业链的发展注入了活力,带动了燕麦产业的整体发展和效益的提升。

以农兴工,以工促农,武川县依托燕麦这一传统优势农作物,大力发展以龙头企业带动全产业可持续发展的模式,让农业县踏上了工业化的起点,也让工业的反哺作用凸显出来。从2015年至今,武川县燕麦种植面积从15万亩扩大到了25万亩,其中订单种植面积12万亩,产量也从1.5万吨提高到2万吨左右。工业发展带来的不只是规模化效应,还体现在产品附加值的提升上。过去,作

莜面文化节(武川县扶贫办提供)

为粮食加工原料，燕麦的市场价格通常在每公斤2元左右，行情好的时候能达到每公斤2.2元，现在燕麦的收购价格增加到每公斤2.8元至3元。价格的上涨让农户们看到了最直接的经济效益，种植积极性不高的历史正在改写，他们决心要在小小的燕麦身上，实现脱贫致富奔小康的梦想。

"燕麦摇铃，白浪千顷"的壮观景象在阴山北麓生动再现。

市场的强力需求，助推企业的不断发展壮大，更带动了万千百姓的脱贫致富。目前，投资1.8亿元的燕谷坊全谷物产业园正在兴建，成为公司发展特色产业和强化扶贫功能的重要平台。借助互联网的强大功能，燕谷坊通过新零售，线上线下融合并行，让线下商家在线上，让线上商家有实体店。实现多种方式销售，产品质量全程追溯，并通过大数据分析、智能化推荐，实现智慧销售，使武川燕麦走出重重阴山，走进千家万户的健康食品清单。

老子说："天地不仁，以万物为刍狗。"

大道生育万物，一雨而孕。天地大爱无疆，无贫富贵贱、亲疏远近和高低上下之分，万物相生共荣，构成五彩斑斓的大千世界。人，不过是其中一环而已。

世无可弃之物。巍峨阴山脚下，一株株随风摇曳的纤细燕麦，本为雀鸟所食，如今成为人们餐桌上的绝佳健康食品，也成了武川人摆脱贫困的重要收入来源。

面对这个未知的世界，人类探索的脚步何其漫长。

第10篇

朵朵蘑菇绽放幸福花

白如白玉簪，

香如玉田禾。

行人且莫行，

听我采菇歌。

这是明代诗人李梦阳的一首《采菇曲》。可见，亭亭玉立、鲜嫩无比的蘑菇这种食用菌，很早就上了中国人的餐桌了。

蘑菇是高蛋白、低脂肪、低热量食品，欧洲人把蘑菇誉为"植物肉"，美国人甚至把蘑菇誉为"上帝的食品"。

耗赖山乡位于武川县城可可以力更镇东北部约26公里处，距呼和浩特市70公里。全乡总面积为146.4平方公里，包括60多个自然村，遍布在阴山山脉融入格根塔拉草原的巨大丘陵山谷中，人口不足1.2万人，基本全是农业人口。"赖"为蒙古语，即"好赉"的谐音，意为"咽喉"之地。自古以来，此处山口为进出阴山通往漠北草原的交通咽喉要道，故牧民称其为"好赉山"。后有山西杨姓农民迁居此地，租耕号地，形成村庄，沿用原名为村名，后称作"耗赖山"。

如今的耗赖山,早已失去兵家必争之地的军事地理作用,而是在武川县脱贫攻坚奔小康的道路上异军突起,以柔嫩娇美的小蘑菇为突破口,上演了一场向贫困突围的绝地反击战。

武川县属于季风性亚高原气候带,年均气温2.5℃,年均降水量约300毫米,年均无霜期110天左右,昼夜温差较大、日照时间长,是食用菌最佳的适宜生长区,高、中、低温型食用菌品种都能种植。蘑菇在这样绝佳的条件下,不但生长旺盛,而且结出的蘑菇汁液丰富,菌盖厚实,菇腿短粗,营养均衡,容易被人体吸收,受市场欢迎。

在这场史无前例的脱贫攻坚战中,武川县委、政府和耗赖山乡经多方论证,苦寻良策,跳出了种植燕麦、马铃薯、油麦菜、小麦等传统农作物的发展思路,政府整合扶贫、涉农和社会帮扶资金,利用阴山北麓冷凉的自然气候条件,建起食用菌产业基地。这不但解决了土地流转后农民的生活出路问题,而

耗赖山乡圪顶盖村农民在自家院里种植木耳(武川县扶贫办提供)

且改变了当地靠天吃饭、广种薄收的传统种植模式,为发展特色农业和现代农业奠定了基础。同时,充分发挥武川县夏季出菇旺季,正好是全国其他区域出菇淡季的错峰优势,抢占市场,扩大销售范围,实现了武川县菌业的跨越式发展,走出了一条带动农民稳定脱贫致富的道路,取得了突破性成就。

成立于2013年的呼和浩特蒙禾源菌业有限公司,坐落于武川县耗赖山乡圪顶盖村。这里距县城和呼和浩特市较近,交通便利,地势相对平缓,四周村镇集中,利于大规模建设食用菌大棚。公司投产建成后发展很快,以滑子菇为主要生产品种,辅以黑木耳、鸡腿菇、姬菇、平菇、香菇、杏鲍菇、白灵菇等多个品种,其核心技术环节,就是采用液体菌进行菌种培育,同时在制菌、灭菌、装袋、保鲜等环节全部实现自动化。短短几年的时间里,在武川县成立了以耗赖山基地、大豆铺基地、不浪梁基地、圪顶盖基地、振兴元基地、南房子基地为核心的六大食用菌发展区域,共建成食用菌种植大棚5000多栋,菌棒生

食用菌品牌(武川县扶贫办提供)

产线6条，食用菌加工车间3000多平方米。公司已发展成为集管理、技术、研发、生产、加工、销售于一体的综合性企业。

公司产品以订单销售、商超和零散销售为主，分别在呼和浩特市区和武川县城设立独立的营销店。除此之外，另设专门的销售团队，主要负责产品包装、策划、推广及销售。这些产品主要销往辽宁、北京、河南、河北、山东、福建等地。为适应庞大的市场需求，公司还要在品种多样化上实现新的突破，增加金针菇、牛肚菌、羊肚菌、灵芝等品种。此外，还要新增一条开袋即食的食用菌产品生产线，生产出系列明星产品。

在政府的政策、资金扶持和积极协调下，公司与农民建立了多种利益联结机制，实现政府贫困脱帽、农民增收致富、公司借势发展的多赢格局。

农户将土地流转给龙头企业，以收取租金的形式获得基本的利润，以产业工人的身份优先进入企业务工，增加收入；依托食用菌产业，圪顶盖村村委会在河北西村规划建设了新农村产业小区，同步规划建设了100户产业示范户，每户后院配套规划出2分土地，用于建设食用菌简易温室大棚，支持农户种植木耳，由公司提供菌棒和技术支持，产品由公司负责回收销售；本村村民作为新型产业农民，经过业务技能培训成为食用菌生产基地工人。目前，公司已解决当地农民200多人就业，月工资在2800~3500元间，人均年劳务收入增加3.5万元左右，实现了农民稳定增收。

同时，公司按照"股份合作、规模种养、集约经营、效益分红"的原则，突出对建档立卡贫困家庭的帮扶力度，根据贫困农户的现实生活状况，经村民代表大会酝酿表决，分类分档进行利润分红，最大限度地保障了年老体衰、身体有残疾等贫困户的正常生活。

李栓林家是耗赖山村的贫困户。老两口以前一直靠种地为生，李栓林的老伴儿因为身体患病不能下地干活，日子过得十分艰难。蒙禾源食用菌基地投产后，李栓林每天到公司打工，大棚里的活计比种地轻松不少，每个月能挣到

2000多元的工资，这个贫困之家逐渐走出阴霾，看到了党的富民政策带来的希望之光。

如今，武川县在哈乐镇、耗赖山乡、可可以力更镇、上突亥乡新建食用菌大棚3500个，新建菌棒生产线5条，建设速冻、保鲜库一座，食用菌罐头和食用菌休闲食品上市销售。武川县在2016年带头组织召开了全国食用菌产业扶贫经验交流会，并被授予"全国食用菌产业精准扶贫示范基地"称号，成功注册了"塞上蒙菇"商标，并取得食品安全QS认证。全县食用菌产业已经形成了以耗赖山乡为中心，以哈乐镇、上突亥乡、可可以力更镇为主要节点，辐射多条进出阴山交通干线的食用菌经济带，推动了食用菌产业的带状延伸。

一株株、一簇簇蘑菇，走出阴山，走向全国，并为饱受贫困之苦的武川人开辟了一条前景无限光明的致富之路。

发展没有止境，眼界有多宽，舞台就有多大。到2019年，全县食用菌厚墙体温室大棚达到1万棚以上，建成菌棒生产线10条，食用菌总产量达到6万吨，实现产值3亿元，安排农村剩余劳动力5000人以上，带动农户1万户以上，将逐

呼和浩特蒙禾源菌业有限公司生产基地（武川县扶贫办提供）

步建成品牌自主、质量安全、销售畅通的中国北方"食用菌大县"。

一座座温室大棚在阴山脚下的沃野平畴拔地而起,室外北风呼啸,室内温暖如春。各类可爱的小蘑菇在肆意生长,有的像撑着小伞的胖娃娃东倒西歪,有的像身体粗壮的武士身姿挺拔,有的像着一身白衣的仙女亭亭玉立,或美丽,或朴素,或妖娆。单个的小蘑菇似在沉思,并蒂长在一起的好像在说悄悄话,成群簇拥在一堆的好似大声讨论着什么。放眼望去,影影绰绰,闪闪烁烁,各色蘑菇多得宛若漫天的璀璨星斗,照耀着武川人脱贫致富珍珠般晶莹的美好梦想。

塞北高原的飒飒秋风下,莽莽苍苍的雄伟阴山,为沉寂不语的武川大地注入了不可一世的凌厉和强悍。羊脂白玉般美丽的娇小蘑菇,为倔强、霸气的山脉平添了些许娇柔,犹如男人身上难以察觉到的一抹柔情,女子眼中流露出的几分刚毅。这种强悍与柔美的结合,总让人联想到与阴山有关联的女中豪杰。

农民在蘑菇大棚查看菌棒(武川县扶贫办提供)

有人考证，家喻户晓的巾帼英雄花木兰，从军作战的地方就在阴山北麓的武川县境内。北魏建国初年，战事连年不断，主要对手就是大漠以北的柔然部落，北魏设置包括武川在内的"六镇"，就是用来应对柔然入侵的。北朝民歌《木兰辞》深情地赞颂了花木兰替父从军的感人故事："旦辞爷娘去，暮宿黄河边，不闻爷娘唤女声，但闻黄河流水鸣溅溅。""旦辞黄河去，暮至黑山头，不闻爷娘唤女声，但闻燕山胡骑鸣啾啾。"

不必站在考古学家的立场看待是否属实，美好的东西正因为美好才被人们世代传颂。花木兰女扮男装，替父从军，驰骋北疆，建功沙场。归来后视功名如草芥，不接受朝廷的封赏，回乡还原女儿身。其高洁品质，令无数后人心生景仰。

活跃在阴山地区的三娘子钟金哈屯，是历史上极具传奇色彩的少数民族巾帼英雄。其最大的功绩，是主张改善蒙古和明廷的关系。她以卓越的智慧和勇敢，维护了双边长达60多年的和平。同时，她主持和修建了草原新城归化城，即今呼和浩特市的前身。美丽的三娘子站在阴山山脉的宝峰山上，眺望东南，在旭日的照耀下，归化城片片青瓦泛着白光，笼罩在一片黛青色的氤氲之中，"青城"由此而得名。

蒙古右翼土默特部驻牧于阴山水草肥美的土默川，三娘子和阿拉坦汗成婚前，蒙古和明廷处于敌对的战争状态，人民流离失所，百姓饱受战乱之苦。在三娘子的积极推动下，隆庆五年（1571年），明蒙双方终于化干戈为玉帛，停止战争，史称隆庆和议。阿拉坦汗去世后，三娘子统领北方各部，安抚黎民，通贡互市，稳定边疆，威震朔漠，赢得了明廷和蒙古上下的尊重和赞誉。明代诗人徐渭曾有诗云："汉军争看绣裲裆，十万弯弧一女郎。唤起木兰亲与较，看他用箭是谁长。"明代进士冯琦亦有诗："红妆一队阴山下，乱点驼酥醉朔野。塞外争传娘子军，边头不牧乌孙马。"边关哨卡烽烟不举，百姓安居乐业，茶马市商贾云集，一队娘子军在阴山朔野的长风下纵饮放歌，好一派安定祥和的边塞风情画面。

老子说，柔弱胜刚强。一朵小小的蘑菇，冲破了笼罩在贫困农户心头的沉重乌云，让温暖的阳光照耀进来，幸福如朵朵蘑菇花一样激情绽放。

第11篇

冷凉蔬菜勇闯大市场

更多的时候,人类要努力去理解和感恩上天的美意。

阴山横亘,地势隆起,风沙肆虐,塞外霜寒,造物主似乎没有给武川人一点怜悯和眷顾。历代流传下来的诗赋,即便盛夏读来都带有几分寒气。唐代诗人栖白《边思》云:"西北黄云暮,声声画角愁。阴山一夜雨,白草四郊秋。乱雁鸣寒渡,飞沙入废楼。何时番色尽,此地见芳洲。"漠北高原,苦寒之地,让人望而却步。

唐代诗人赵延寿《塞上》曰:"黄沙风卷半空抛,云动阴山雪满郊。探水人回移帐就,射雕箭落著弓抄。鸟逢霜果饥还啄,马渡冰河渴自跑。占得高原肥草地,夜深生火折林梢。"与阴山地区的寒冷相伴的,注定只能是一代代背井离乡的戍边将士。他们凭借阴山天险,遥望大漠孤烟,守护着圣主家园。

然而,正是这种海拔高、昼夜温差大的寒冷气候,催生了武川人向贫困"突围"的又一个新兴产业——冷凉蔬菜种植。

武川县境位于北纬40°47′—41°23′和东经110°31′—111°53′,属于中温带大陆性季风气候,年平均气温3.0℃,年无霜期约124天。这片土地地处阴山北麓,广袤辽阔,气候寒冷,夏季凉爽短暂,冬季寒冷漫长,昼夜温差大。风大无雨,空气相对干燥。农作物病虫害少,具备大规模发展冷凉蔬菜种

村民在冷蔬凉菜种植基地劳动（武川县扶贫办提供）

植业的独特优势。县城至今未通火车，更无任何工业污染，所生产的冷凉蔬菜品质兼优，绿色安全，味道好，备受阴山南北人们的欢迎。

本着推广种植冷凉蔬菜，促进当地贫困农户增收，丰富首府地产菜篮子的宗旨，呼和浩特市农业技术推广中心研究员仲兆清率先尝试在武川县耗赖山乡耗赖山村推广冷凉蔬菜高效综合栽培技术。他带领专家团队打造呼和浩特市首个冷凉蔬菜高效栽培水肥一体化集成技术示范基地，由武川县日新种植专业合作社进行示范种植。目前，种植品种和规模，已由原来的油麦菜、菠菜几个品种几十亩地，发展到莴笋、结球生菜、花叶生菜、绿皮甘蓝、娃娃菜、芥菜、金瓜等10多个品种的冷凉蔬菜，面积达500亩，市场行情一路看好。

以前，农民种植传统的马铃薯、莜麦、小麦等传统农作物，每亩不过几百元收入，如今同样的土地上种植娃娃菜、绿皮甘蓝、香菜、菠菜、豆角、莴笋等冷凉蔬菜，每亩纯收入达6000至8000元，为当地农民开创了一条脱贫致富之路。

最先开启冷凉蔬菜种植的是耗赖山村。这个地处武川县域最东北端的小山村从2011年起就开始尝试引入冷凉蔬菜种植。在呼和浩特市蔬菜技术推广站农技人员的指导下，村民们在原来种植马铃薯、莜麦等传统农作物的山坡上，种上了大片娃娃菜、莴笋、结球生菜等冷凉蔬菜。虽已是深秋季节，但蔬菜基地仍是郁郁葱葱，绿意浓浓，与周边的枯草碎叶形成鲜明对比。

村民们发自内心感谢呼和浩特市农牧业局蔬菜技术推广站的首席专家仲兆清。仲兆清于1985年大学毕业至今一直从事蔬菜研究和推广工作，具有深厚的蔬菜种植理论功底和实践经验。早在20世纪80年代末，他就被称为呼和浩特市引进稀有蔬菜第一人。他在内蒙古自治区率先开展了稀特蔬菜的引进和推广工作，先后引进30多个稀特蔬菜新品种，填补了呼和浩特市稀特蔬菜的空白。不仅如此，他还深入各旗县区，指导和帮助当地农民改变传统种植结构，建成了多个特色果蔬基地。他率先施行机械化作业种植蔬菜，创造了多种蔬菜栽培模式。实践中，他看到武川县独特的地理位置和气候条件，有发展冷凉蔬菜种植

收获冷凉蔬菜（武川县扶贫办提供）

资源的优势，是村民脱贫致富的好路子，又率先开展了冷凉蔬菜的种植试验和推广工作。

武川县冷凉蔬菜种植改变了传统的蔬菜平垄种植模式，采用新的冷凉蔬菜种植模式，还在垄下滴灌，施用细菌肥、氨基酸肥和水溶性有机肥。同时，引进先进的播种、灌溉和施肥设备，形成了整个冷凉蔬菜种植机械化。最重要的是，在种植的过程中，耗赖山村冷凉蔬菜种植基地使用的肥料是农家肥和生物有机肥，种植的冷凉蔬菜皮苗薄、嫩、鲜，味道好，绿色无污染，营养价值高，市场需求大，经济效益好。

冷凉蔬菜基地的首席专家仲兆清介绍，冷凉蔬菜一般是指生长适温在15~25℃的蔬菜城。当温度超过25℃时，生长就会受到影响，温度超过30℃后就不能形成正常的蔬菜产品，甚至枯萎了。武川县因地理优势，夏季超过30℃的天数较少，昼夜温差在15℃以上，是典型的冷凉地区，适合发展蔬菜产业。目前，武川县水浇地面积为15万亩，可种植冷凉蔬菜的能力达5万亩。武川县发展冷凉蔬菜种植，不仅可提高种植者的经济效益，而且是马铃薯倒茬的理想作物。再加上武川县土地多，交通便利，地区环境好，特别是夏季气温较低、空气流通好，病菌害虫生长速度慢、繁殖代数少、病虫害小，农药用量及农药残留少，是生产无公害、绿色食品蔬菜相对理想的地区。另外，武川县城到呼和浩特城区运距短，上市菜不需要保鲜处理，能确保市民吃上新鲜优质的冷凉蔬菜。

村民高锁小是第一个因冷凉蔬菜种植带来高收入的人。

2013年，在呼和浩特市农业综合开发办的鼎力支持下，仲兆清带领团队推广冷凉蔬菜种植。村民高锁小相信科技的力量，在其他村民还在等待观望的时候，高锁小率先在自家的坡梁地试种了100亩冷凉蔬菜，品种有莴笋、紫甘蓝、豆角、西蓝花、结球生菜等10多个种类。在仲兆清等科技人员的技术支持和全程指导下，高锁小所在的日新种植专业合作社首次试种的冷凉蔬菜大获丰

冷凉蔬菜种植基地（武川县扶贫办提供）

收，而且市场行情非常好，当年卖菜的纯收入达24万元，比种植小麦、土豆、莜麦翻了几番。

高锁小高兴地说："种植小麦、土豆、莜麦这些大田作物，即使好年景，每亩纯收入最多四五百元，而种植冷凉蔬菜亩均收入达2400多元。"

尝到甜头的高锁小逐年扩大冷凉蔬菜的种植面积，增加种植品种，提高种植品质，赢得了顾客的青睐。2018年，他成功注册了自己的品牌"后山高老大"。

2017年，武川县日新种植专业合作社200多亩冷凉蔬菜带来100万元的收入，让高锁小更加坚信：发展冷凉蔬菜的路子没错。2018年，高锁小将冷凉蔬菜种植面积增加到500亩，并且取得了大丰收。

"后山高老大"的品牌蔬菜进入呼和浩特市各蔬菜批发市场，是从每年8月15日开始的，莴笋、娃娃菜、结球生菜在呼和浩特市东瓦窑农副产品批发市场成为抢手货，每天能卖1万多元。在蔬菜市场激烈竞争的态势下，蔬菜品质好，运距短，菜保鲜，从地头到菜市场最多两三小时，让耗赖山村的冷凉菜占尽了优势，成了菜市场的抢手货。

耗赖山乡冷凉蔬菜种植基地喜获丰收的同时，也为附近村民带来就业机会，获得更多的收入。

从2014年日新种植专业合作社开始种植冷凉蔬菜至今，耗赖山村村民张天根就和老伴在菜田打工种菜，从5月开始就天天有活干，一直能干到9月底。他们在家门口干活，收入稳定，老两口人均每天能挣七八十元，在菜田干半年能挣两三万元。负责蔬菜包装的68岁村民其其德玛说，每到蔬菜成熟期，她就会来冷凉蔬菜种植基地打工，每月有2000多元的收入，还不误自己家的农活。每年仅蔬菜包装，其其德玛就能收入8000多元。

相比外出打工，年龄大的不好找工作，而且收入不稳定，吃住都不方便。在高锁小的冷凉蔬菜种植基地干活，他们就是在家门口打工。最忙的时候，有40多位村民在冷凉蔬菜种植基地务工，有负责育苗的，有负责栽苗的，有负责除草的，有负责摘菜的，有负责打包的，大家各负其责，忙得不亦乐乎。

如今，让高锁小欣慰的是，小女儿高玥嵘看到冷凉蔬菜效益可观、发展前景较好后，和丈夫放弃城里的打工生活，返乡创业，全力以赴帮助父亲打理冷凉蔬菜种植和销售工作。有得天独厚的地理位置，有专家们的技术指导，有年轻人的知识和干劲，可谓占尽天时地利人和。高锁小对冷凉蔬菜种植前景信心倍增，感到浑身有使不完的劲儿，正计划逐年扩大种植面积，带动更多的村民脱贫致富。

任何一个新兴产业的推广，都需要政府持久不断的扶持和推动。在年轻人争相到城里实现五光十色梦想的时候，这些五六十年代出生的农民，不仅受微薄的经济基础、日渐不支的体力限制，而且还受有限的知识、落后的思想观念制约。发展冷凉蔬菜种植，建立剩余蔬菜深加工厂，形成冷凉蔬菜新的产业链，让更多的村民在家门口就业致富奔小康，政府和扶贫一线的干部还有相当大的运转空间。

阴山脚下，脱贫攻坚鏖战犹酣。在向贫困"突围"的征途上，需要勇气，更需要智慧。

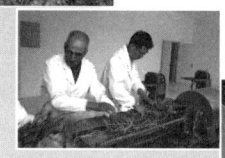

综合施策篇

第12篇
上秃亥乡的"扶志"之路

阴山北麓的奇峰峻岭一路向北，地势陡转直下，像大自然发出一声巨大的浩叹，化入一望无际的塞北草原。我们到了县城西北的上秃亥乡，感觉不到山川丘陵的起伏地形，基本上与包头市达尔罕茂名安联合旗境内的希拉穆仁草原融为一体。

"秃亥"，蒙古语意为"拐弯子"。从地形上看，牧区草原与农耕种植区界限分明，从西北至东南直线南下，到上秃亥乡东山永新村后，陡然折向东北，形似勇士搏斗时打出的一记"右勾拳"，"上秃亥"由此得名。

与紧靠阴山的哈拉合少乡、得胜沟乡、大青山乡不同，上秃亥乡属武川县典型的农业乡。全乡辖区面积508.5平方公里，下设16个行政村161个自然村，产业主要以农牧业为主，东北部地区土质较好，是谷子、玉米、马铃薯、小麦的主产地，农业规模化、集约化种植水平较高。西南部为以种植莜麦、荞麦、油菜籽等为主的传统旱作农业，全乡仅马铃薯种植面积达14万亩。每到春夏季节，随处都是错落有致的大片大片的马铃薯田，白色的、粉色的漂亮马铃薯花绽放在绿意葱茏的薯田里，迎风摇曳，让阴山北麓这片土地展现出勃勃生机。

在武川县，老百姓都称马铃薯为"山药"或"土豆"，农民约70%的收入来源于马铃薯。当地群众的饮食几乎顿顿离不开它。在武川县高海拔、日照时间长、沙质土壤环境下培育出来的马铃薯，一度曾特供北京奥运会和上海世博会，"武川土豆"已成为全国知名商标品牌。

在北方传统种植农业区，最大的特点是土地多、人口少。像武川县这样的地区，基本上哪户农家都有百亩以上的土地，虽然贫瘠，靠天吃饭，但只要勤劳肯干，节俭持家，不至于解决不了温饱问题。很多家庭情况相差无几的农户，过起日子来，贫富差距非常大。

与农户接触多了，我们看到这样一个现实，很多贫困户面对年复一年怎么也拔不掉的穷根，由希望、无望到绝望，索性破罐子破摔，酗酒、赌博、上访告状、小偷小摸等问题开始凸显，乡村治理便出现了各种情况。

习近平总书记说："要加强扶贫同扶志、扶智相结合，激发贫困群众积极性和主动性，激励和引导他们靠自己的努力改变命运，使脱贫具有可持续的内生动力。要改进帮扶方式，多采取以工代赈、生产奖补、劳务补助等方式，组织动员贫困群众参与帮扶项目实施，提倡多劳多得，不要包办代替和简单发钱发物。"

2014年，上秃亥乡识别建档立卡贫困户936户2222人，共有6个自治区级贫困村、2个市级贫困村。2017年底动态调整后，全乡尚有国家级建档立卡贫困户1038户2298人，2018年贫困村全部出列，除患有重特大疾病贫困户外全部贫困户实现脱贫。在这场脱贫攻坚战中，上秃亥乡在推动各种扶贫举措的同时，加大了"扶志"力度，走出了一条特色扶贫之路。

孔子说："君子之德风，小人之德草。草上之风，必偃。"在农村，无论干什么工作，都是群众看党员，党员看党支部成员，支部成员看正副书记。说到底，村党支部就是村民的榜样和标杆。

打铁首需自身硬。上秃亥乡从乡党委和村党支部两级班子抓起，严格落实党组织基本制度，严格执行"三会一课"、警示教育、民主生活会、爱心扶贫助困等制度，党委成员包村定点，推进"党建+精准扶贫"工作。定期召开党委（扩大）会，探讨在各自责任区内出现的新问题、新情况，交流经验和看

好事树（武川县扶贫办提供）

法，集体探讨，提出解决对策。乡党委还与各村党支部、村委会签订脱贫攻坚责任书，完善村级考核管理办法，实行奖惩兑现层层压实职责。发挥各村党支部的作用，让支部成员担当起扶贫责任，严格落实驻村第一书记考核要求，将脱贫攻坚的成效作为党建考核和干部考核的重要指标。

凡事就怕"认真"二字。层层压力传导之下，各行政村党支部、村委会和驻村第一书记纷纷行动起来，探索适合本村发展的模式。刘家村村委会利用"五到村、五到户"项目资金建设马铃薯储窖，将储窖以招标承租的方式对外经营，收入6.7万元全部用于给贫困户分红；东房子村村委会引进光伏项目出租基地11000多亩，安排有劳动能力的贫困户到光伏企业打工，奠定了稳定脱贫的基础；陆合营村村委会引进风电项目出租荒坡，以及矿泉水项目，为农民增加收入；小西滩村村委会依托奶牛牧场、青贮饲料，发展种植项目等。

这一地区五六十年代出生的农民，大多数没有多少文化，如何有效沟通成了精准扶贫的关键环节。上秃亥乡坚持让扶贫工作在阳光下运行，提高群众的参与度。在各行政村的"三务公开"栏上，定期向村民公布党务、村务、财务情况；在支部会、村民大会上，主动向党员和村民们介绍相关情况；各个村的意见箱、意见簿，由村委会定期检查，村"两委班子"和驻村工作队，采取上门征求意见的形式，收集村民们的意见……

此外，各行政村还经常开展扶贫知识竞赛等群众性集体活动。与入户讲解政策相结合，通过党员干部讲解政策，群众参与问答、知识竞赛、评选"政策知晓户"等形式，普及扶贫政策知识，让大多数贫困户了解党和政府的政策，也使扶贫工作赢得了群众的理解和支持。

看到党员干部为自己家的脱贫这么卖力，贫困户自然不忍心当旁观者，干部和群众的心慢慢地贴在一起，众志成城，齐心协力向贫困宣战！

要想调动贫困户的内在动力，仅靠榜样的力量是不够的，还必须打好物质利益这张关键牌。上秃亥乡党委经过认真调研，在全乡开展针对贫困户的奖补工作，乡党委制定出台了具体实施方案，实施精准脱贫项目利益联结机制，对

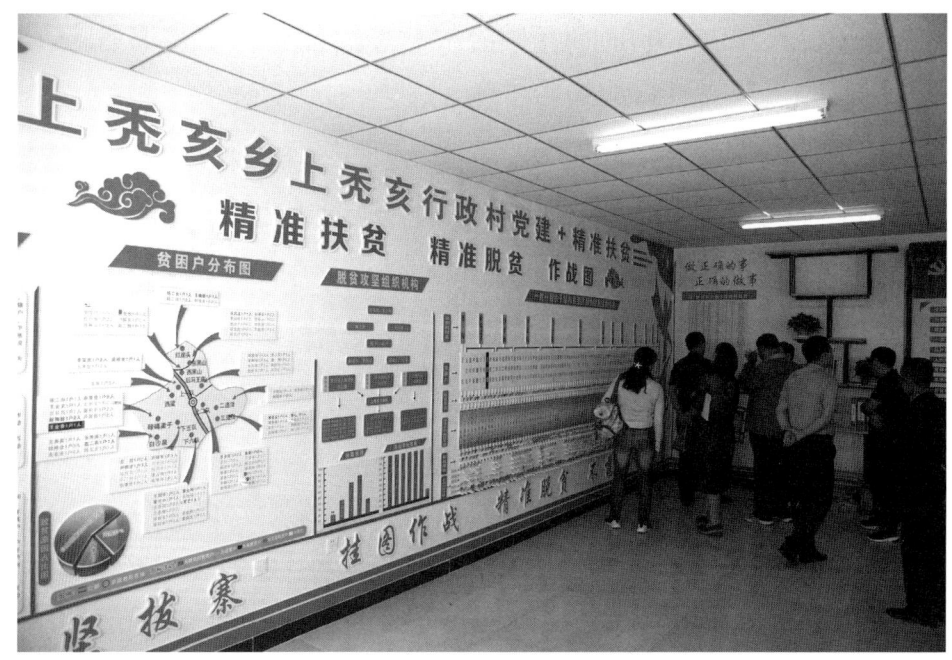

上秃亥行政村脱贫攻坚挂图作战室（武川县扶贫办提供）

建档立卡贫困户给予生产奖补、劳务补助、大病救助补贴和生活补助措施。奖补政策打破平均主义思想,根据具体情况实施差异性奖补。比如,对贫困户按其经营收入的10%给予奖补,对贫困户务工收入按8%进行奖补等,对于无劳动能力的贫困户给予生活补助。奖补政策推行后,不仅提高了贫困户的收入,极大地激发了他们不等不靠发展生产、自主脱贫致富的干劲和热情,在全乡开始形成"勤劳致富光荣、消极懒惰可耻"的积极氛围,"智志双扶"方面走在了全县的前列。

上秃亥乡没有止步,他们以此为契机,因势利导,大力加强农村精神文明建设。以党员干部带头、率先垂范为引领,以社会公德、职业道德、家庭美德为主要内容,结合脱贫示范户评选和消极等靠户动态管理,开展树立乡风文明活动。通过开展"推动移风易俗、道德评议",倡导科学文明的生活理念,弘扬勤劳致富的优良传统,教育和引导农民群众破除封建迷信,摒弃旧俗陋习,形成积极向上、互相帮助、团结有爱的良好风尚。各行政村成立了道德评议会和红白理事会,制定了"村民议事会章程""村规民约""禁毒禁赌章程"等规范村民的行为。道德评议理事会既宣传政策法规,讲解各项惠农政策,又带头学科技、用科技,积极向农户传授致富实用技术,开展结对帮扶活动。他们还不断丰富群众精神文化生活,开展身边好人、文明家庭、十星级文明户、好媳妇、好公婆等评选活动。第一批68户示范户全部挂牌,政府在对这些示范户大力宣传的同时,给予一定的物质奖励,让他们成为正面激励的典型。与此同时,对有劳动力但思想消极坐等救济的、人为撂荒承包耕地的、不自食其力等十类"消极等靠户"实行动态管理,由乡、村"两委"干部,驻村工作队和帮扶责任人,耐心讲解政策,积极说服教育,促使这部分农户转变思想,跟上队伍,和积极肯干的村民一道脱贫致富奔小康。

上秃亥村村委会有一棵"好事树",由336片绿叶组成,代表了全村336户常住农户家庭。绿叶共有3种,空白绿叶代表还没有做过好事的家庭,浅绿色树叶配金色名字代表做过一到三件好事的家庭,深绿色树叶配金色名字代表做过十件以上好事的家庭。"一棵好事树,心记百家情。好事永记载,善心永相传。""好事树"鼓舞村民们以做好事为荣,以多做好事而自豪,激发他们积极向上的正能量。

武川县妇联是上秃亥乡刘家村村委会的包扶单位,在扶贫工作中将"扶志"作为重点,多次邀请自治区和市心理、医疗等方面的专家,在刘家村开展义诊、心理咨询讲座,给村民们送去心理健康和暖心的关怀。

这是一场别开生面的心理咨询会诊。

2018年5月21日,内蒙古心理咨询师协会的专家们来到武川县上秃亥乡刘家村,为村里的贫困户进行公益知识讲座,从心理健康的角度帮助贫困群众长志气、树信心。讲座以"变压力为动力、创造幸福人生"为主题,将心理扶贫和扶智、扶志相结合。在现场,心理咨询师们采取"一带一、一带多"等方式,和贫困户谈生活、谈困难、谈想法,了解他们生产生活中的心理疑惑、压力、焦虑等问题,用浅显易懂的语言,引导贫困村民从认识自己、自立自强、学会感恩等进行改变,以正确的、积极向上的心态,勇敢地面对脱贫致富道路上遇到的困难和问题。

上秃亥乡刘家村贫困户田召元动情地说:"政府组织的心理咨询,感触很大。就像我这个情况,虽然老两口身体垮了,但是思想不能垮。咨询师鼓励我应该努力,搞个养殖,比如喂点小鸡什么的,能做一点营生就做。不要躺在那儿死吃死坐,身体垮了,脑袋不能垮。通过这次培训,我也想通过自身努力脱贫。"

田召元不事雕琢的语言,讲出了大多数贫困户的心声。

武川人勇猛强悍和不服输的精神,在一个个贫困户的血脉中慢慢苏醒,那些来自先祖朦胧久远的记忆被渐渐唤起。

上秃亥乡白泥壕行政村北大路壕自然村贫困户张德喜,年轻时是远近闻名的能人,不仅种地是一把好手,农闲时还出去当瓦工和焊工,赚些钱补贴家用。他的两个儿子和一个女儿都在呼和浩特市务工且已成家,小日子过得红红火火。天有不测风云,2016年他被诊断出患了直肠癌,前前后后花了几十万元,家里的积蓄一分不剩,还欠了10多万元外债,他家也由村里的富裕户跌入贫困户行列。但他并没有消沉下去,等身体慢慢好起来后,一直开始摸索致富的途径。2018年,在村委会和驻村干部的帮助下,他盖起了70平方米的猪圈,养了4口猪,当年就赚了2万元。不仅如此,他又买了3只母羊,现已发展到10多只,他还计划再买几头牛饲养。他决心要用自己的双手和汗水尽快还清外债,走出贫困的阴影,把小日子过起来。

上秃亥乡的发展史与发源于本乡境内的一条河流有关。北魏时期,武川县叫"女水",这是因武川境内的河流而得名。根据地理学家郦道元所著的《水经注》记载,"白道中溪水",也就是现在的枪盘河。该河发源于武川县的上秃亥乡后西沟,流经上秃亥、下乌兰以力更、大碱滩、小碱滩、井尔沟,南下流出阴山进入土默特左旗后,汇入大黑河。史载,当时的枪盘河水量极大,波涛汹涌,惊涛拍岸。北魏时期,献文帝在女水之滨举行了有数万将士参加的誓师大会。旌旗猎猎漫卷阴山,数万铁骑狂飙突进,将士杀声震天,在塞上高原与柔然部落展开了一场惊心动魄的生死决战,最终大败柔然,歼敌数万,一举消除了问鼎之忧,这就是历史上有名的"女水大战"。为纪念胜利,献文帝命太常高允作《北伐颂》,刻碑纪功,下令将女水改为"武川",意即"显示武功的河"。

及至近代,在抗击侵略者的残酷斗争中,武川县各族儿女或踊跃参军参战,或主动为大青山抗日游击支队运送给养、传递情报、救护伤员、参加支援劳动等,很多人壮烈牺牲,血沃阴山,仅有名有姓的烈士就有246人,为全国抗战胜利做出特殊贡献,彰显了武川儿女英勇无畏、勇往直前的冲天豪气。

如今,在脱贫攻坚奔小康的征途上"突围"的武川人,同样演绎着一个又一个传奇故事。

第13篇

挪穷窝圆致富梦

武川县城西出约三四十公里，便进入西乌兰不浪镇、二份子乡，这里就是历史上著名的公营盘草场。武川县过去有"四大梁草场"之说，最大的就是公营盘草场，面积近百平方公里。这里水草丰美，海海漫漫，一望无际。据说，辽代萧太后曾将此地封赏给眷属亲兵，他们在大公村附近安营扎寨，封疆守土。

岁月更迭，山河变迁，大自然以其神奇伟力，不断地在平衡中制造不平衡。曾经的草木葱茏之地，因气候变化、干旱少雨而变得日渐贫瘠沙化。民间相传，清雍正年间，状元李如柏将军率军西征路过此地，见天干气躁，风沙漫天，庄稼枯黄，百姓衣不蔽体，遂驻马扎营，拜天为民祈雨。谁知第二日，一场及时雨骤然而至，大地湿润，五谷吐绿。将军离去后，百姓深感其恩，遂集资建庙刻碑，上书"状元李如柏行军祈雨处，大清雍正十三年五月"，铭记将军心忧百姓疾苦的为民情怀。风云变幻的历史过去了，这块"状元碑"仍遥向阴山，矗立在芳草萋萋的武川大地上。

清末直到中华人民共和国成立，国家一直处于风雨飘摇之中。这些百姓本就是弱势群体，凭借阴山天险，一个个小村落如同"边城"一样，成了天然避难之所。很多"走西口"的难民争相到此安家落户，大后山的莜面、山药不知养活了多少无家可归的天涯沦落人。

这一地区的农民是幸运的,国家精准扶贫和乡村振兴战略的实施,为山里人摆脱贫困带来了希望的曙光。

生态移民是武川县探索实施精准扶贫的重要举措。面对"一方水土养育不了一方人"的现状,全县上下统一思想,制定了"修复生态、移民安置、立草为业、兴牧致富"四位一体战略目标,将二份子乡列为生态修复区,在县域西部打造占地500平方公里"生态修复区"的发展思路和目标,开启了史无前例的破冰之旅。

让上万人举家搬迁,在任何一个国家都不是小事情。安置搬迁工作千头万绪,首先面对的就是做通农户的思想工作。热土难离,农户们首先要过的是心理关,更主要的是对未来全新生活的担忧。

从2013年开始,县委、县政府积极探索实施生态异地搬迁政策,将县域西部生态脆弱地区的贫困人口陆续向灌溉区搬迁,采取多种安置方式,为移民提

拆除土危房(武川县扶贫办提供)

供越来越完善的基础设施和公共服务，千方百计增加移民的就业机会，提高贫困移民的收入。

实践出真知。经过长期摸索和总结试点经验，县委、县政府总结出了实施易地扶贫搬迁的"四种模式"。

小村并大村模式。按照"收缩转移、集中集约"的原则，将户籍户数不足20户的，饮水、通信不便的，基础设施和公共服务设施建设成本高且受益群众少的村庄，就近选择并入"靠乡、近水、沿路"的区域建设中心村镇，实施统一规划、集中建设，实现公共设施和产业发展全覆盖。哈乐镇根根渠行政村三队，全村39户135人，人均耕地5亩，全是旱坡地。按照易地扶贫搬迁的小村并大村的模式，就近搬迁并入根根渠一队和二队，原来的村庄恢复生态建设。并入根根渠一队后，交通不便、通讯不畅等困难迎刃而解，同时规划了400个大棚发展菌业。与这个村毗邻的根根渠四队居民60户170人，人均耕地7亩，由于水土流失，可耕种的只有4亩。实行小村并大村搬迁后，23户并入根根渠一队、二队，其余农民实行货币化自主安置。

整村移民模式。将生存条件差、资源匮乏、"一方水土养活不了一方人"的村（在正常年份农业亩产值100元以下的村）整村进行扶贫搬迁，搬迁户自愿集中安置、分散安置或自主安置，享受不同安置下的优惠政策，从而达到脱贫的目的。武川县哈乐镇圪料坝行政村所属圪料坝、上永和泉、中永和泉、下永和泉4个村，交通不便，生产生活条件相似，在征得全部村民同意后，这4个村全部整体搬迁到永和泉新村。

土地集中流转模式。依照武川县打造食用菌大县和草产业大县的产业定位，将易地扶贫搬迁对象的土地进行集中流转，种植耐寒耐旱灌木及多年生牧草。一方面恢复植被，一方面打草变现增加搬迁户收入。同时，将部分搬迁农民变成食用菌产业工人，搬迁农民包括贫困户可获得土地流转和务工两份收入。易地扶贫搬迁后，村庄全部拆除恢复生态建设，土地流转发展产业成为重要脱贫途径。耗赖山乡圪顶盖行政村的河北西村、不浪梁村、北坡村、贾格楞图村共流转土地近4000亩,其中集中流转2700亩,分散流转1300亩。每亩流转金额160元。这些流转出去的土地全部实行公司化运作,发展菌业、草业、马铃薯产业,农民还可以在流转的土地上打工赚钱。

入住幸福院社保兜底模式。对移民中60周岁以上、有生活能力而无生产能力的建档立卡贫困户,采取"集体建院、集中居住、分户生活、统一管理、互助服务"的形式,在交通便利、基础设施和公共服务设施齐全的行政村或乡镇建设互助幸福院。入住幸福院的贫困户享受社会保障政策,既解决了这一特困群体的生活问题,又解决了他们精神上的孤独。耗赖山乡大豆铺幸福院农民王万还写了首打油诗赞美互助幸福院:

"砖木结构大正房,双层玻璃亮堂堂。瓷砖铺地顶棚房,每户一间大凉房。后厨房呀卫生间,每间设备都齐全。自来水呀挺流通,方便不用出家门。暖气炉子热洞洞,老年人们真高兴。洗澡不用烧热水,房上就有太阳雨。家家安上户户通,不误每天看新闻……"

在这场生态移民大潮中,二份子乡是重点移民点,占到移民总数的81%。全乡总耕地面积45.2万亩,土地集中流转面积14.88万亩,占全乡总耕地面积的32.92%;退牧还草10.6万亩,占耕地面积23.45%;历年退耕还林面积14.26万亩,占耕地面积31.55%。

在移民搬迁和土地流转成功试点的基础上,乡政府摸索出"政府引导、群众自愿、政策支持、自主搬迁、一次规划、分年实施、重点突破、整体推进"的模式,全乡共规划建设互助幸福院14处、1647套,供65周岁以上的搬迁户和低保户、贫困户、分散五保户、残疾户入住。全乡132个自然村中,2016年在试点成功的基础上实施移民搬迁97个自然村,涉及5637户16586农业人口。政府对16个自然村进行了"美丽乡村建设"工程改造,其中10个村的主要工程是建设互助幸福院。2017年,移民搬迁15个自然村,涉及1170户3703农业人口,其余在2019年前全部完成搬迁任务。

"移得出、稳得住,能致富、不返迁",是实施生态移民搬迁的最高标准。

二份子乡姚家村距武川县城75公里,辖7个自然村,总面积为35平方公里,耕地面积为1.6万亩。长期以来,姚家村的土地荒漠化严重,广种薄收,靠天吃饭。2014年,该村被列为国家级贫困村,经过精准识别,有41户112人评定为建档立卡贫困户。

2016年,根据当地自然环境恶劣的实际,政府对该村实施了生态移民整村搬迁,对358户858人进行移民,集体搬进了位于火烧羊圈自然村幸福院的64套新民居。幸福院进行了街巷硬化,安装了自来水、广播电视、宽带,文化室、卫生室、便民超市等配套设施一应俱全。政府给每人补贴资金1.5万元;土地流转1.62万亩,每亩补贴100元;退耕还林2390亩,每亩补贴90元,土地流转全部种植优质的紫花苜蓿牧草。2015年,利用"三到村、三到户"资金,每户补贴6400元,共购买了39头基础母牛、3头种公牛。2016年,又投资90万元为贫困户建成30套养殖小区,目前大小牛已发展到460头。

作为产业扶贫项目,呼和浩特市庆龙汽车用品有限公司入住二份子乡,可以辐射带动花西村、南苏计村、双玉城村、南湾村、五份子村等5个行政村433户953人,进入这项全新的产业链条中,实现稳定增收。

在生产车间里,花西行政村红北村的李枝叶正在电动缝纫机上工作。"我们都是培训上岗的。因为以前会用缝纫机,有基础,所以学了三四天就会了。我是贫困户,所以公司优先录用,每月2000多元,活也不重,也不误家里的营生。"

二份子乡纳令河行政村及所辖村,地处偏远、人口老化、土地贫瘠、常年

耗赖山乡大豆铺村互助幸福院（周作森 摄）

干旱，各村80%以上为土坯房。武川县针对偏远风蚀沙化区，实施退耕还林还草和易地扶贫搬迁政策，通过逐步退出来移出去的方式让农民渐渐脱贫致富。8个自然村328户农民，自愿签订了生态移民搬迁协议和退耕还林还草合同，整体实现了生态移民搬迁。自愿留下的老人、残疾人和社会保障群体共60户，全部入住纳令河村村委会幸福院。

村民葛美莲对老伴董和平说："结婚时也没住上这么好的房，那时就一间土坯房，条件很差，没想到老了还能住进这新房。"

"老房子已经拆了，按户籍人口每人给15000元。家里的50只羊都卖了，不养了。国家要建设生态，通过林业局每亩年补300元，给你这么多的补贴，再养羊那不是和政策作对了？有放羊的时间出去打工，一天还不挣个百十来元钱。"老董很理解国家的政策，对目前的生活非常满意。

"种地有时候连成本都回不来，沙石地加上干旱，白干的时候多，退了地把人工腾出来，还能做点别的。国家每亩的补贴比差年景种地的亩收入还多呢，咋能不愿意？孩子们在市里有了稳定的工作、安了家，没有什么后顾之忧。"老董一脸轻松地说。

村民张三堂是从公营盘村搬到幸福院的，谈到现在的生活，张三堂满意地说："60多岁了，第一次住上这么好的房，以前在公营盘村，到了冬天一下雪就走不了，得用骡子车往出拉。再说，想坐班车得走几公里土路。来幸福院只需把铺盖搬进来，拿上炊具就行了，出门也方便。我一个人生活，退地钱够花，在这里生活我挺高兴的。"

目前，全县共移民搬迁204个村，涉及农业人口9683户26576人；流转土地种植优质牧草142.95万亩；建设互助幸福院58处，解决3093户6137位老年人的养老安置问题。

生态移民搬迁，彰显了中国共产党以人民为中心的发展思路和一心为民的责任与担当，凸显了习近平总书记生态文明思想，体现了集中力量办大事的制度优势，展现了国家改革开放以来累积的坚强有力的经济基础。

"安得广厦千万间，大庇天下寒士俱欢颜，风雨不动安如山。"一代诗圣杜甫的《茅屋为秋风所破歌》，淋漓尽致地体现了诗人悲天悯人的家国情怀。而今，杜甫理想中的社会安宁稳定、人民生活幸福的局面，在中国共产党的领导下变成现实。

民心即天道。古往今来，多少封建王朝的执政者骄奢淫逸，不顾人民死活，最终都被人民掀下了龙椅。因此，老子在总结这一历史发展和社会规律时说："民不畏威，则大威至。"

习近平总书记说："我们将持续推进精准扶贫、精准脱贫，实现到2020年我国现行标准下农村贫困人口脱贫的目标。全面建成小康社会，13亿多中国人，一个都不能少！"

莽莽阴山脚下的这片热土，正在向着美丽富饶的宏伟蓝图迈进。

第14篇
文艺下乡激扬致富希望

> 看明天、望未来，
> 武川大地披霞彩。
> 脱贫攻坚战正酣，
> 精准二字记心怀。
> ……

台上武川县乌兰牧骑一曲欢快精彩的音乐快板《十九大开启新时代》，看得耗赖山乡大豆铺村的村民们如醉如痴，心生暖意，早已忘记了11月塞上高原的彻骨寒风。

这是武川县"弘扬乌兰牧骑精神，到人民中间去"基层综合服务集中示范活动的场景之一。二人台、爬山调、马头琴独奏、小品……演员们精彩的演出，博得台下村民们此起彼伏的掌声和喝彩声，给寒意四起的小山村平添了许多春天的气息。演出内容贴近百姓生活，把党的精准扶贫和惠民政策传递到阴山脚下这个国家级贫困县的角角落落，飞鸿踏雪般地在贫困群众的心中荡起脱贫致富奔小康的希望和梦想。

成立于1969年的武川县乌兰牧骑，当时只有16名队员，所有装备就是1辆四轮车、4块幕布、3个煤油灯、6件乐器。就是在这样简陋艰苦的条件下，一代代队员们牢记为民服务的初心，足迹踏遍武川县境内的每一条山川河流，歌声飘过每一片长满鲜花的茵茵草地，走过了风雨相伴的半个世纪。乌兰牧骑就是桥梁和纽带，他们用歌舞和武川县传统的二人台、爬山调等百姓喜闻乐见的形式，传递党的声音，宣传党的政策，歌颂祖国和家乡日新月异的新变化，春风化雨般地把地处阴山深处的广大村民和党紧紧联系在一起。

相比歌曲、舞蹈、相声等文艺表演形式，这些地处阴山巨大沟谷之中的村民，更喜欢传统的二人台和爬山调。这里五六十年代出生的老人，本就是在二人台和爬山调的熏陶下长大的，男女演员一亮嗓子，他们便像被勾去魂魄似的，无端地把自己的人生境遇与演出内容融合在一起，高兴时笑容满面，悲伤时泪水涟涟，愤怒时血脉贲张，进入了无我的境界。同时，身为大后山人不会

乌兰牧骑演员在简易舞台演出（武川县扶贫办提供）

吼两嗓子，岂不让人笑话？

二人台起源于山西省河曲县，流传于晋北、陕北、内蒙古中西部、河北省张家口市等地的地方小戏。应该说，它是内地农耕文化与内蒙古中西部地区阴山文化相融合的产物，距今已有上百年的历史。因其活泼、欢快、表演形式简便易行，屋内、院落、村头、广场等随处均可表演。1938年，八路军挺进大青山，二人台开始传入封闭落后的武川地区。虽然"土生土长土里料，土言土语土腔调"，却深受大后山民众的喜爱，并逐渐成为当地盛行的主要剧种。《走西口》《挂红灯》《五哥放羊》《割莜麦》等传统剧目脍炙人口，久唱不衰，也成就了一大批优秀的二人台演员。

如今，二人台从内容到表演形式都得到了极大的提升。2019年8月，由武川县乌兰牧骑创作的新编二人台大型现代戏《青山之恋》，作为第二届中国马文化节暨首届内蒙古国际马文化博览会系列活动之一，在内蒙古民族艺术剧院上演。这是一部为纪念中华人民共和国成立70周年和实施"乡村振兴"战略量身定制的现实题材戏剧作品。该剧描写了以转业军人郑开河与返乡创业大学生梅一朵为代表的一批新时代年轻人，带领青山湾村村民继承和发掘优秀传统文化和红色革命文化，大力发展乡村绿色旅游经济，促进新农村转型升级的故事，为二人台的传承与发展注入了新的内涵，提升了武川县乌兰牧骑的美誉度。

武川县素有"爬山调之乡"的美称，可见爬山调在阴山北麓流传的历史之久，但爬山调究竟源于何时，史书中并未记载，这也成了千古之谜。武川县地理位置独特，扼阴山白道锁钥，是兵家必争之地。从商周时猃狁开始，匈奴、鲜卑、敕勒、柔然、突厥、契丹、女真、蒙古等北方少数民族，先后在阴山地区上演了朝代更迭的历史大剧，推动了各民族文化的交融发展。北朝时期，阴山地区各民族实现了空前大融合，粗犷豪放、刚劲有力的北朝民歌也达到了巅峰，叙事民歌代表作为《木兰辞》，抒情民歌代表作为《敕勒歌》。

"敕勒川，阴山下。天似穹庐，笼盖四野。天苍苍，野茫茫。风吹草低见牛羊。"这首流传甚广的《敕勒歌》，是由鲜卑语译为汉语的翻译作品，是土生土长流传于阴山地区的民歌。有学者认为，今天阴山南北广为流传的爬山调，就是北朝民歌《敕勒歌》的遗响。

雄浑磅礴的阴山，底蕴深厚的历史文化，孕育了独具特色、雅俗共赏的二人台和爬山调，同样成为武川县乌兰牧骑的主打曲目，造就了一大批优秀的地方戏演员，范芝兰就是代表。20多年的爬山调演艺生涯，让从初中就进入县乌兰牧骑学习爬山调的范芝兰脱颖而出，成了活跃在阴山舞台上的台柱子。她是土生土长的武川人，从小耳濡目染爬山调高亢嘹亮、不事雕琢的演唱，没有经过高等艺校的正规培训，自然就没有了繁文缛节的束缚，反倒成全了爬山调带着阴山风骨和泥土芬芳的原汁原味的一脉传承。范芝兰跟着师傅从一招一式开始学起，经历了从模仿到熟练再到创新的艰苦历程，一路走来，爬山调早已融入她的血脉之中，成为生命中的一部分。不论春秋冬夏，乌兰牧骑的舞台车开到哪儿，她的爬山调就演到哪儿。如今，已近不惑之年的范芝兰，成了国家级非物质文化遗产爬山调的传承人。

2015年，自治区著名剧作家柳志雄、侯晓琴、荣杰创作了以武川县大青山抗日革命根据地为背景的爬山调抗战历史剧《青山儿女》。让范芝兰意外的是，剧组考察了一番以后决定由她来演女一号。剧里的女一号石云岚是个为抗战忍辱负重的"革命母亲"，而且两个小时的剧目只有两个月的排练时间，这让范芝兰感受到巨大的压力。她二话没说，随即投入到紧张的排练中。功夫不负有心人，《青山儿女》演出后，获得观众和专家的一致好评。繁忙的演出间隙，范芝兰把更多的精力投入到爬山调这一民间曲艺的传承和发展上。

爬山调是武川人生活的一部分。它扎根于阴山北麓厚重浓郁的乡土文化和纯朴的民风，是塞北人喜怒哀乐心声的自然流淌。无论是大小演出、婚宴庆生、开业庆典、亲友聚会，男女都上场，老少皆登台，不唱几段爬山调，就如同酒席菜肴里没放盐一样。大家不在乎唱的怎么样，在乎一个热闹。即便在乌兰牧骑正式演出的舞台上，每个村子都会临时上来几位村民，和演员一起演唱爬山调，唱腔表演颇有专业演员的水准，搞得新入职的乌兰牧骑年轻队员内心一阵阵惶恐和惊叹。

在武川县史无前例的脱贫攻坚"突围"战中，县乌兰牧骑虽然只有45名在职人员，每年马不停蹄地下基层演出100多场。为更好地满足农民群众精神生活的需要，他们通过原创作品文艺演出、宣传教育、入户慰问、选树脱贫典型、培育文明乡风等途径，把党的政策用老百姓喜闻乐见、通俗易懂的形式传达出来，把党的声音和关怀传遍千家万户，引导当地群众树立勤劳节俭、自立自强、不甘贫困的意识，激发群众脱贫致富的内生动力和对美好生活的向往。在消除精神贫困，为打赢脱贫攻坚战提供强有力的精神动力方面，乌兰牧骑这支"文艺战线上的轻骑兵"发挥了不可替代的重要作用。

贯彻习近平总书记"弘扬乌兰牧骑精神，到人民中间去"的重要指示精神，武川县结合正在开展的扶贫攻坚行动，以"乌兰牧骑+"的方式，整合乌兰牧骑、文化、科技、卫生、农牧、医疗等行业资源，围绕脱贫攻坚、乡村振兴、民族团结、防病治病、种植养殖、文化活动、科技普及、法制宣传、阅读观影、扫黑除恶等内容，重点选择交通不便、偏远落后、文化生活匮乏、人口居住分散的农村以及少数民族聚居区开展综合服务，不仅为广大村民带来了富有民族特色和时代气息的文艺节目，还为村民们面对面开展综合性的法规政策宣讲、专业技术辅导等服务活动。

在大青山乡井尔沟村村委会，武川县以"乌兰牧骑文艺助力精准扶贫"为主题的演出宣传活动拉开帷幕。

县委党校的老师给村民们认真详尽地讲解了党的扶贫政策，鼓励大家发挥自己的内在动力，走出困境；司法人员结合发生在身边的典型事例，为村民们讲解日常纠纷、非法集资、谨防上当受骗等法律知识；民族宗教局的同志向村民们宣传宗教信仰方面的规定和常识；剪纸非遗传承人现场进行教学，与村民们共同剪窗花，培训村民们手工技艺，力争做到户户全覆盖，人人受教育；书法组的老师现场泼墨挥毫、笔走龙蛇，为老区人民写下一幅幅写满脱贫攻坚誓言和对未来美好生活愿景的墨宝，表达了人民群众对脱贫攻坚的美好期许；医疗组的医生，认真为村民们把脉问诊，开方送药；种养殖专业技术人员，耐心为村民解答科学种养殖知识……

乌兰牧骑的演员们精心编排了群口呱嘴《喜看老区这五年》、爬山调对唱《十九大精神暖人心》、方言快板《老党员说说十九大》、独唱《和谐大家园》、非遗节目歌伴舞《割莜麦》等村民们喜闻乐见的节目。从十里八村赶来的农牧民聚在一起，看得兴致勃勃，不时地响起一阵阵热烈的掌声。

《礼记·乐记》中讲："凡音之起，由人心生也。"古人说，音乐是一种情感的艺术，是人的精神生活中一种高层次的心灵体验。乌兰牧骑带着浓浓的正能量，足迹遍及阴山北麓的武川县域。他们热情讴歌党的精准扶贫举措，赞美乡村振兴战略，宣传正确的价值导向，为大山深处的农民们描绘了一幅新农村的壮美图景。农民们平静的内心深处滚过一阵惊雷，在平淡困苦的生活中，看到了党的富民政策带来的曙光。

人民有信仰，民族有希望，国家有力量。

思想是行动的先导。在当今物质丰富、信息发达的时代，人们更容易受到来自现实和网络空间各个领域的种种诱惑，一念天堂一念地狱，先进文化永远是支撑精准扶贫和乡村振兴战略最基础、最深厚的基石。

古往今来，阴山南北两麓数不清的征战史上，将士们在旌旗蔽日中催动战马、冲锋陷阵、攻城略地，用战鼓声和号角声振奋军心、鼓舞士气。在这场阴山脚下的脱贫攻坚"突围"战中，乌兰牧骑就是擂鼓助威者。

第15篇 可可以力更镇的脱贫探索

无论从哪个角度看，可可以力更镇都处在武川县最好的位置，平均海拔1572米。它南临阴山，北倚草原，交通便捷，是连接呼和浩特市和二连浩特广阔草原的必经之地，距呼和浩特市仅33公里，穿越阴山即到土默川的千里沃野。在武川县域普遍缺水的环境里，枪盘河、昆都仑河的千百年滋润，使得可可以力更镇周边村落水资源比较丰富，也成为武川县这个农牧业县物产相对丰富的地区。

先秦时期，阴山地区就是北方游牧民族活动的舞台，有獯鬻、鬼方等。这些北方游牧民族与汉族不同，他们来去如风，居无定所，即便短暂居住，也早已化入岁月的流沙之中。从明代开始，可可以力更镇就是"逐水草而居"的蒙古族游牧之地。清康熙年间，此地设置官府驿站；乾隆年间，此地为归化城（今呼和浩特市）通往新疆与蒙古的交通要道，归化城旅蒙商号大盛魁在此地建立通商驿站，因此地南临阴山山脉大青山段山崖，故蒙古族牧民称其为可可以力更，意为"青色的山崖"。至乾隆年间，始有商人来此开设店铺，逐渐形成商业集镇。后来，这里还是山陕内陆地区"走西口"难民的落脚点，遍地生长的马铃薯、莜麦，吸引了大量的躲避战乱、四处逃荒的百姓，毕竟在当时能活下来就是唯一的愿望。几代人居住繁衍下来，他们已经成了会唱爬山调、会搓莜面鱼鱼的地道后山人了。

在全国人民奔小康的历史进程中,地处阴山北麓的可可以力更镇显然没有跟上时代的步伐,偏远、闭塞,火车高亢的汽笛声至今未能响起。可可以力更镇辖8个村委会、79个自然村,有户籍数4741户,户籍人口12567人;常住户2135户,常住人口5403人。全镇共有耕地面积为24万亩,其中水浇地面积为16万亩。这个数字背后的含义是,近70%的村民不用看老天爷的脸色吃饭,马铃薯、莜麦、玉米、谷物等旱涝保收,温饱不成问题。但还有拥有30%旱地、山地的村民,受各种因素影响,贫困仍然是他们心头挥之不去的阴影。可可以力更镇8个村委会中,有福如东、天力木兔、巨字号、乌兰忽洞、定向营等5个自治区级重点贫困行政村,所属51个贫困自然村遍及角角落落。

这些种地为生的贫困后山人如何成功"突围"?

在以农业为主的生产格局中,镇党委、镇政府首先考虑到立足优势产业进

马铃薯种植基地(武川县扶贫办提供)

行突破，发挥昆都仑河水系基本覆盖全镇水资源相对丰富的优势，下大力改善村民传统农牧业生产的基础配套设施，整合项目资金和社会资金，开展兴水治旱，发展水浇地，重点发展马铃薯种植、肉羊养殖、家禽养殖、饲草料种植、蔬菜种植、玉米种植等传统产业。镇党委、镇政府利用县城所在地和交通干线的优越地理位置，县域城区控制范围和机关事业单位均在可可以力更镇的便利条件，县城蔬菜、肉、蛋、奶的主要供应地，在商贸、劳务市场方面都存在比较优势，注重在农产品的产、供、加、销上做文章，不断完善产业链，提高农产品附加值，促进农民稳定增收。

从2014年开始，镇党委、镇政府协调县扶贫部门，围绕打井问题开展深入调研，决定从改善农田水利建设入手，助力农民增产增收。他们利用整村推进项目资金450万元，在大水圪洞村所属16个自然村打了16眼深水井，全部配套完善变压器、电机、水管等设备后，使全行政村新增水浇地5200亩，覆盖了所有农户。其中，包括36户贫困户，受益面积为580亩，年增加收入10万元。旱地变水浇地，这在农村是革命性的变化。电机一响，贫地变良田，成效立竿见影，是实现农民持久增收最有效的途径。

其实，世代以种地为生的农民不是不知道水浇地高产增收，抗旱能力强，只是打一眼机电井需要十几万甚至二十几万元，村集体经济普遍薄弱，村民更是望水兴叹，每年地里的一点收成除了果腹，基本没什么剩余，无力解决这一难题。现在国家集中力量推动脱贫攻坚，人力物力财力都向贫困的农村倾斜，可可以力更镇周边村庄的地下水资源相对丰富，水源问题便迎刃而解了。

有了试点的成功经验，有国家专项资金支持，镇党委、镇政府便开始在全镇各村复制推广。2017年，在福如东村投入26万元财政扶贫资金，为村民们打了2眼大口井，新增水浇地700多亩。与此同时，内蒙古正丰公司投资800多万元，在全村流转旱坡地3400亩。公司利用雄厚的资金实力，对流转的土地进行了旱地改水浇地工程。按照村委会与公司的合作协议，村民们每亩流转费用

210元，每年户均土地流转收益超过6000元，包括贫困户土地700亩（前4年每亩210元，第5年涨到每亩300元），实现村民们尤其是贫困户的稳定增收和脱贫摘帽。为提高马铃薯种植收益，解决储存保鲜时间短的问题，福如东村村委会在镇党委、镇政府的协调下，争取到少数民族发展资金100万元，建起了仓储能力800吨的马铃薯恒温储窖，年租赁金收益在4万元左右，有效地壮大了村集体经济，为村"两委"开展扶贫帮困提供了稳定的资金来源。

2017年，可可以力更镇利用扶贫"三到村、三到户"项目资金，先后在福如东、天力木兔、乌兰忽洞、定向营4个村委会的所属自然村，择址新打深水井14眼、大口井7眼，使全镇新增水浇地面积为7300亩。其中，福如东、天力木兔2个村委会所有自然村，人均拥有水浇地面积占总耕地面积的95%，为稳定脱贫奠定了坚实的基础。就这样，2014年以来，可可以力更镇为各村新打各类机电井37眼，发展水浇地累计1.2万多亩，按每亩年纯增收400元计算，年可实现纯增收480万元，既有效抵御了自然灾害风险，又实现了全镇农民稳产增收。

旱地改水浇地的变革，促进了以马铃薯为主导产业的农产品产量快速增加。然而在带动村民普遍增收的同时，又出现了新的问题，那就是马铃薯丰产之后，很难在短时间内全部销售出去，储存难成了难题。针对当地马铃薯产量大、存储环节薄弱的实际，2016年，在县扶贫部门和镇党委、镇政府的协调下，巨字号、定向营、乌兰忽洞3个村委会，利用"三到村、三到户"项目资金，分别建成仓储能力1800吨、2400吨、2000吨三个大型马铃薯储窖，建成当年试运营总收益就达到了20.5万元，主要用于村集体经济和贫困户脱贫工作。2017至2018年，又对储窖实施加固完善配套工程，当年通过竞价招租收益达到30万元。新建的马铃薯储窖按50年使用年限计算，已实现资金不流失且每年稳定收益34万元。马铃薯储窖的建设使用，改善了马铃薯的仓储条件，使马铃薯产业从种植、生产向存储销售延伸，马铃薯抵御市场风险能力得以提升，实现

肉羊养殖业 （武川县扶贫办提供）

了增收保值和村集体经济清零，同时惠及了所属村委会的贫困户。

从武川县各村的扶贫过程和实际成效看，企业永远是中坚力量。这些或国有企业或私营企业，没有做这场脱贫攻坚"突围"战的旁观者，而是把目光投向阴山北麓的广大农村，把厂房建在风沙猎猎的塞上高原，把资金投在各种农产品的种植、生产、深加工和销售上。他们利用企业资金、技术、人才实力雄厚的优势，整合各类资源，流转村民品种单一、效益低下或无力经营的土地，平地打井，组织大规模机械化种植。在企业盈利的同时，他们还把红利送到成百上千的贫困户家中，充分体现了负责任、勇担当、解民忧的家国情怀。

"百企联百村"机制实行以来，镇党委、镇政府及村党支部积极主动联系包联企业对接，确定项目，开展帮扶。各村委会根据各自的自然条件，在产业发展上采取"支部+合作社+农户、企业+基地+农户、基地+合作社+农户、菜单式扶贫"等不同的发展模式，实现政府、企业、村民多赢的扶贫产业大格局。

福如东村村委会采取"支部+合作社+农户"的模式，村委会注入整村推进项目资金300万元保本分红，由金鑫种植专业合作社牵头，流转农户土地3500亩，建成一座全县最大的占地100亩的连体温室大棚，成功试种了紫钻、秋葵、玫瑰葡萄、羊角蜜等34种特色果蔬品种，集采摘、餐饮、民宿体验为一体，同步发展乡村旅游业，优先雇用贫困户就近务工，增加其稳定收入。在此基础上，从2016年开始，合作社每年拿出12万元，由村委会对建档立卡贫困户进行菜单式帮扶，实现扶贫工作的精准无缝对接。三圣太村村委会采取同样的模式，村委会注入整村推进项目资金450万元保本分红，由丰鑫种植专业合作社流转土地7000亩，把旱地全部改为水浇地，农民户均固定的土地流转收益超过8000元。从2016年开始，合作社每年拿出18万元，由村委会对建档立卡贫困户进行菜单式帮扶，有效提高扶贫工作质量和群众满意度。

目前，可可以力更镇所属8个行政村集体经济收入均实现了清零递增，通过马铃薯储窖等固定资产租赁，"村党支部+合作社+农户"等多种模式返还红利，有效拓展了增收渠道。8个村集体年累计收入可突破100万元，不仅如期实现了人脱贫、村出列的目标，还为村内公益事业建设和弱势群体帮扶救助提供了强有力的资金保障。

乌兰忽洞行政村羊场湾自然村采取的是"企业+基地+农户"模式，内蒙古宝枫业林业发展有限公司投资300万元，流转村民耕地280亩。公司投资打深水井2眼，用于种植国家倡导推广的生态和经济价值较高的树种——元宝枫树。目前，已种植150亩一年生元宝枫树苗32万株，种植100亩元宝枫树种籽1500公斤，约有200万株树苗成活良好，元宝枫种植基地发展前景非常广阔。种树是利国利民利生态的好产业，既为武川县贫瘠荒凉的土地增添一抹绿色，也为当地农民带来实实在在的收入。2018年，公司雇用乌兰忽洞、羊场湾、鸡嘴营等周边村贫困户及一般农户，到元宝枫种植基地从事季节性种苗、锄草、园林维护等工作，为村民支付25万多元，使40多户农民受益，户均增加收入5000多元。公司还常年雇用羊场湾村贫困户赵瑞英到基地务工,每月酬金3000多元,帮助其实现稳定脱贫。

内蒙古宝枫业林业发展有限公司没有止步,而是在武川县这片塞上高原谋求更大的发展。2019年,公司继续投资500万元,流转农民集中连片土地800亩,种植一年生元宝枫树苗200万株。公司还拟建设一个1万立方米蓄水池和一个3000平方米的温室大棚,用于元宝枫育苗及发展休闲农业,大规模种植元宝枫生态林。该项目成功实施后,在未来3至5年,可充分利用武川县大青山北坡的荒山、荒坡、荒沟等闲置资源,以"企业+农户"等多种方式,实现国家生态发展战略与当地农民退耕还林相结合,建设2万多亩生态型经济林。与此同时,投资建设元宝枫茶叶加工厂、元宝枫籽榨油厂,完善元宝枫产业链,发挥元宝枫树的生态效益、经济效益和社会效益,带动当地百姓脱贫致富。

伯特兰·罗素说:"三种简单却极其强烈的情感主宰着我的生活:对爱的渴望、对知识的追求、对人类痛苦的难以承受的怜悯之心。这三种情感,像一阵阵飓风一样,将我任意吹得飘来荡去,越过痛苦的海洋,抵达绝望的彼岸。"大爱无疆,贫困无情人有情。在"百企联百村"的行动中,很多企业不图名不图利,无偿为阴山脚下贫困的村民百姓尽一份社会责任和义务。内蒙古巨华集团出资30万元,对可可以力更镇4个原拟定移民村进行村容村貌整修;恒大地产集团出资8万元,为天力木兔村建设了一个标准化养殖场;内蒙古兴泰置业集团有限公司出资20万元,为大水圪洞村建设了一个300吨恒温储窖;龙湾地产出资15万元,为定向营村建设了一个小型标准化养殖场;浦发银行包联巨字号村、远鹏房地产有限公司包联福如东……来自社会各界的援助,为村民带来了看得见、摸得着的利益,创造了勤劳致富奔小康的基础条件,也在无形中激发了他们不等不靠、主动作为、战胜贫困的信心和勇气。

在中央专项扶贫资金使用上,可可以力更镇党委、政府并没有追求短期效应一次性把钱用在贫困户身上,而是因地制宜,与当地产业发展捆绑在一起,把资金注入企业发展的"大盘子"里,实现长久持续返还红利。2017年,累计使用中央专项扶贫资金290万元,用于产业扶贫。其中,注入呼和浩特蒙禾源菌业有限公司200万元,委托公司经营,年返还天力木兔村、大兴昌村两个村委会红利各6.5万元;注入大鱼得养殖专业合作社30万元,用于发展肉牛养殖,年返还村集体1.5万元;投入金鑫种植专业合作社60万元,发展小金瓜种植,年返还三圣太村集体3万元。公司返还各村的红利,全部用于壮大村集体经济,对本村建档立卡贫困户实施灵活的菜单式帮扶。

如果说产业扶贫是"大水漫灌",能够推动整村甚至带动周边的村民普遍增收致富,那么菜单式扶贫就是"精准滴灌",能够有针对性地解决扶贫领域的一些特殊群体的社会关爱问题,使党的关怀和温暖更加快速、便捷、及时和有效。

习近平总书记说:"小康不小康,关键看老乡。""我们党员干部都要有这样一个意识:只要还有一家一户乃至一个人没有解决基本生活问题,我们就不能安之若素;只要群众对幸福生活的憧憬还没有变成现实,我们就要毫不懈怠地团结带领群众一起奋斗。"

如习近平总书记所说,在脱贫攻坚的征途上,困难群众能不能达到脱贫指标并实现稳定持续增收,有没有获得感、幸福感、安全感,是检验各级党委和政府扶贫工作的唯一标准。在一些衣食无忧之人的眼中,这些贫困群众的生活似乎就是一些遥远的与己无关的故事,对当事人来讲,却是关乎个人生活质量乃至生命全过程的顶天大事。

福如东行政村小花以力更自然村村民张小仁,于2016年因病致贫,被识别

新鲜土豆(武川县扶贫办提供)

为建档立卡贫困户。福如东村村委会实施旱坡地改造水浇地时,他家的20多亩土地由旱地变成水地,和其他村民一道流转出去后年收益6000元。这项稳定的收入,使他家的生活得到很大改善。由于不用操心田地里的活计,他便搞起了肉羊养殖,拓展家庭收入渠道。2017年,经驻村干部的积极协调,为他优惠购买了良种公羊,不到两年的时间,他已发展了20多只大羊,10多只羊羔。按目前市场价估算,一只大羊能卖到1500~1600元,一只小羊羔能卖到800元,仅养羊一项,张小仁的收入便达到几万元。此外,他还在自家喂养了一头本地土猪,到冬天按300多斤估算,能卖到6000元左右。他还在房前屋后散养了30多只本地鸡,仅卖鸡蛋和笨鸡又可收入五六千元,生活可谓芝麻开花节节高。张小仁编了几句顺口溜表达自己的心情:"国家政策就是好,帮我来把养殖搞。健康扶贫报销高,致富不能等靠要……"

巨字号行政村小安字号自然村64岁的贫困户宫文明,于2014年被识别为贫困户。宫文明一个人生活,但他很要强,不愿坐等政府的各种补贴救助,坚持不等不靠不要,靠自己的努力脱贫致富。2015年,他利用政府的扶贫项目效益分红买了3只基础母羊,经过几年的勤劳经营,现在已经发展到21只母羊、1只种公羊。按目前市场包收价格估算,每只母羊至少能给他带来1000元的纯收入。他吃穿不愁,小日子越过越滋润。

在可可以力更镇几年的脱贫攻坚"突围"战中,类似这样的例子数不胜数。

《道德经》云:"圣人无常心,以百姓心为心。"老子提出执政者不要有常人的私心,而要有"以百姓之心为心"的进步政治观,并提出"德善""德信"的观点,强调以善心、诚心对待所有人,以不分彼此的浑然之心去治理天下。身为周守藏室之史的老子,在遍阅古今史料,总结前朝和春秋诸侯国治乱兴衰的规律后,提出了"以百姓心为心"的伟大思想,对执政者给出了以民为本治理天下的忠告。

今天，中国共产党人正在将老子心目中的理想社会逐步变为现实。"以百姓心为心"给我们的启示，就是时刻不忘"全心全意为人民服务"这个党的根本宗旨，按照习近平总书记所强调的，牢记初心使命，贯彻以人民为中心发展思想，走共同富裕之路。

巍巍阴山做证，可可以力更镇8个行政村51个贫困自然村的脱贫实践，为党的富民政策做了最生动的诠释。

第16篇

厂汉此老村之变

二份子乡厂汉此老村位于武川县城正西方向80多公里处，属武川县与包头市固阳县的交界地带。巨龙般的阴山山脉北坡渐缓至厂汉此老村，已化为一片辽阔平缓的丘陵地区，平均海拔依然在1900多米。这里是风的王国，终年不断的风沙在这片土地上狂舞游荡，肆无忌惮，云无法驻足，雨更难落下。虽长不好庄稼，但地广人稀，杂草丛生，砂石遍地，自然成了狐狸、野兔、鸿雁等野生动物和鸟类生活的乐园。

"厂汉此老"是蒙古语，意为白色的石头。因时间久远，我们已无法考证村名的由来，或许第一个在此地落脚的土著村民用白石头垒砌房子，也许是来自农户田地里随处可见的白石子……这些都是风沙的杰作。据当地老人述说，厂汉此老村始建于明代，时蒙汉通商，厂汉此老是经由武川县，沿阴山北麓向西进入包头地区的必经之处。当时，两条大街呈"十"字形贯穿全村，南北长街两侧林立着30多根两米高的拴马石桩，街道两旁油坊、酒坊、粮坊、酒馆、当铺、车马店等鳞次栉比。村子最大的特点是祠庙多，村南有观音庙，村西有百一庙，村东有大仙爷庙和五道爷庙，村北有龙王庙、河神庙，皆由本村四大家族牵头，100多户村民捐钱修建，曾香火鼎盛。及至清代，山西遭遇饥荒，大批难民被迫"走西口"，逃难到武川一带。山西商户发起的大盛魁，通过驮运打通了晋蒙商道,并在厂汉此老开建商行字号,人员驼队往来不绝,盛极一时。直到20世纪初,河套地区匪首长毛子,垂涎厂汉此老的财富,策划了一场大规模的烧杀抢掠行动,将此地数百年繁华毁于一旦。

厂汉此老由此衰败下去,昔日的辉煌如鹰过长空,消失在莽莽阴山深处,残存在当地人代代口口相传之中。

当然,厂汉此老村最不缺的是土地,12个自然村共有户籍人口644户1712人,却拥有土地16万多亩,仅耕地面积就有46373亩,这在烟雨迷蒙的江南水乡,是不可想象的天文数字。如此海量的土地在当地农人的眼中,却不足为奇,只能种植耐旱的小麦、土豆、荞麦、莜麦等传统农作物,"三年两不收"是农户的常态。全村常住168户326人中,建档立卡贫困人口就达56户137人,

刘厚贵看望贫困户(武川县扶贫办提供)

其余大部分人口也都处于贫困线边缘，只有养殖牛羊的几户人家日子稍稍宽裕些。在信息和交通高度发达的时代，身强力壮的青年早已远赴城镇务工，留下这些平均年龄65岁的老弱残疾人驻守田园，日复一日，打发贫困一生的夕阳时光。

厂汉此老村的第一次变化，得益于武川县委、政府和二份子乡的惠民政策。早在2014年，县、乡两级政府就在苦苦探索西部区的脱贫之路，既然土地沙化严重，不长庄稼，那就干脆种草，向绿色生态要经济效益，制定"草业兴县"的发展战略。厂汉此老村本就有118919亩林（草）地，退耕还草又流转土地42600亩，集中连片种植多年生紫花苜蓿和沙打旺等优质牧草，同时相间种植沙棘、白柠条等防风固沙灌木，不仅为畜牧业发展提供了优质饲草，还极大地改善了地区生态环境。全村退耕还林平均每人26亩，每亩年收益240元，仅此一项，贫困人口收入便全部出线。同时，政府还出资新建了147户幸福互助院，进行了街巷硬化，家家户户安装了自来水、广播电视、宽带，文化室、卫生室、便民超市配套设施一应俱全，12个自然村的143户贫困群众和孤寡老人，高高兴兴地搬进了新居，过上了昔日想都不敢想的好日子。到2018年底，厂汉此老村贫困人口全部实现脱贫。

厂汉此老村的第二次变化，和一个人有关，那就是驻村扶贫工作队队长兼第一书记刘厚贵。

但愿苍生俱保暖，不辞辛苦出山林。在武川县向贫困"突围"的历程中，共有91支300多名扶贫工作队和驻村第一书记，奋战在阴山脚下这片贫瘠的土地上。面对尚未解决温饱和冷暖的困难群众，他们积极响应党的号召，走出舒适的办公室，离开城镇，抛家舍业，倾一腔家国情怀，化为鏖战扶贫一线的无穷动力，把党中央的富民政策落实到千家万户。正是这些不能忘却的身影，勾画了莽莽阴山北麓万千民众脱贫致富的"百里河山图"。来自呼和浩特市纪委监察干部刘厚贵，只是其中的一个代表。

2018年3月,刘厚贵来到厂汉此老村时,正是脱贫攻坚紧锣密鼓的关键时期。他一上任,除了熟悉情况,抓党建、抓扶贫、抓治理等日常工作外,一直在思考:村贫困户主要依靠政策兜底、易地搬迁、生态补偿等转移性收入作为生活来源,这些收入仅够维持村民的基本生活,若发生大病大灾容易出现返贫现象,影响脱贫攻坚战总体成效,让贫困群众持续增收致富才是上策。

"刘书记,我媳妇马上要住院了,需要一笔费用,不知道去哪筹措。家里种的100多亩莜麦打下来了,又卖不出去……"贫困户何建荣满脸愁苦地找到刘厚贵。何家只有2口人,妻子患有精神疾病,常年卧床不起,每年必须住院调理一次,光医药费就得2万~3万元,家庭生活来源就是100多亩地,收成还得看老天爷脸色。刘厚贵马上联系呼和浩特市纪委监委,以每公斤高于市场价0.6元的价格,全部推销给单位党员干部,7900元的卖粮款极大地缓解了何建荣一家眼下的经济困难。为了让何建荣一家早日走上脱贫致富的路子,刘厚贵反复与何建荣商议,动员其养牛。何建荣通过扶贫贷款和亲属帮助,购买了20多头基础母牛,经过几年的发展,牛的头数增长到40多头,年均收入4万多元,不仅脱了贫,妻子看病不发愁,还买上了小汽车,成了村里人人羡慕的富裕户。

贫困户李三秃家共有3口人,妻子、女儿都是残疾人,生活不能自理,身心压力都很大。全家人的生活来源主要靠妻子、女儿的残疾补贴,还有李三秃一个人侍弄的100多亩荞麦收入来维持生活。李三秃虽生活贫困,但有一定的经济头脑,能吃苦,不怕累,只是家庭的多难和生活的困窘打消了致富的斗志。刘厚贵经常找李三秃聊家常,劝其转变生产方式,利用厂汉此老草场广阔的优势,发展养殖业致富。通过几番鼓励后,李三秃终于动了心思。但发展养殖的本金从哪里来?刘厚贵又多方协调,帮助李三秃到农村信用社贷扶贫款,就地购买何建荣的5头母牛,帮助其发展养殖业,当年就收入了3万多元。李三秃终于露出了笑容,看到了小康生活的希望。60岁的贫困户智玉生的情况同样如此,妻子智障,儿子在乌海市上大学,看病和供孩子读书像两座大山一样,压得智玉生透不过气来,家中一贫如洗,外面债台高筑。虽然也享受低保、教育扶贫补助,但和巨大开支相比,仍是杯水车薪。2019年3月,通过5万元扶贫贷款,购买了10头牛发展养殖业,预计到年底能发展到18头,年均收入达5万元左右,一家人彻底告别了贫困。

一家脱贫不算脱贫,全村致富才是小康。如何让厂汉此老村的父老乡亲尽快摆脱贫困现状,让他们的钱袋子逐渐鼓起来?刘厚贵开始尝试在村里发展产业项目。从2018年5月开始,他和山东籍战友自筹资金10万元,在村里试种了100多亩红萬笋,由于品种、技术和气候等原因,试种失败了。他慢慢冷静了下来,这件事不能急于求成,还是要多听,多看,多思考。于是,他利用驻村

王军恒和他的养殖场(武川县扶贫办提供)

业余时间，跑遍了全乡15个行政村，行程2万多公里，实地走访了困难群众，了解了养殖大户创业经历，考察了各村产业发展情况。一番深思熟虑之后，他和村党支部班子商议，决定调整产业扶贫方向，采取"合作社+贫困户"的模式，实行托管托养发展村集体经济。

厂汉此老村的第三次变化，来自恒鑫源养殖专业合作社。合作社法人代表王军恒就是厂汉此老村人。他早年赴包头市打拼，几番周折，终于经营起一家石英厂，生意做得风生水起。赚了钱之后，一来想回家乡做点事，毕竟那里是生养自己的故土，不忍心看到乡亲们还在贫困线上挣扎；二来看中了家乡搞养殖业得天独厚的地理优势。于是，他在2013年注册成立了占地8000亩的养殖专业合作社，投入500万元养殖了30多头牛、300多只羊和30多头猪，并且规模在逐年扩大。作为驻村扶贫工作队队长兼第一书记的刘厚贵，他的托管托养发展村集体经济的想法，和一心想为家乡做贡献的王军恒的想法很吻合。

这几年，国家在扶贫领域投入的资金力度是空前的，武川县各行政村都有自主的产业发展基金。但这种投入不是简单的资源分发，在使用上有严格的要求。前些年个别地区那种"第一年政府扶贫给的是牛，第二年被贫困户换成了羊，第三年又换成了鸡"的放任自流模式，不可能重演。

在上报二份子乡党委和政府审批后，厂汉此老村利用20万元扶贫资金，从张家口市购买了一批西蒙特尔品种牛和猪仔，托管在恒鑫源养殖专业合作社，第一期合同托管期限是3年，实行保底分红，利润在7.5%，收益全部用于村里贫困户增产增收。

与缺资金、少技术的普通农户相比，恒鑫源养殖专业合作社毕竟是正规的养殖场，优势很大。这里有新建的牛圈和猪舍，纯天然无污染的草场，专业养殖技术和管理人员，充裕的流动资金……合作社的养殖业迅速蓬勃发展起来。

养殖场建在离村几公里外一条干涸的河道旁，只有七八月汛期到来时，河道才偶有山洪水通过，平时只有被河水冲刷和风沙打磨过的石子，流沙般铺向远方。河道两旁丰富的地下水，为养殖场提供了必需的水源。每日黎明到来，管理人员一声悠长的吆喝——"上山啰！"牛儿慢腾腾地起身，抖落一身杂草，哞哞叫着列队走向山岗；羊群则喜欢拥挤在一起，走到哪里都留下一路尘土和黑色的粪粒；大猪小猪动作最慢，虽哼哼唧唧不太情愿，却也耐不住山上鲜嫩青草的诱惑，蜂拥着挤出圈门。

猎猎西风中，40岁出头、黑红脸庞的王军恒介绍起他倾力打造的养殖场来，喜悦之情溢于言表。他说："这几年国家生态保护的力度大，县里在西部地区退耕还草发展草业，养殖场周边地区的野生动物非常多。有一次，养殖场丢了3只小猪，猪倌找了几天也没找到，大家都认为被狼吃掉了。谁知在另一个山头发现时，小猪们竟和一只狐狸在一起玩耍。每到草长莺飞时节，厂汉此老村广阔的草场上，鹰、鸿雁、山鸡、雀鸟随意飞舞，有时竟旁若无人地落到百姓家的屋顶或院墙上，动物已经习惯了与村民和谐相处……

养殖场发展起来了，但新的问题又出现了。眼看猪到了出栏的时候，产品销往何处？小小的合作社名不见经传，距呼和浩特市150多公里，目前还没有打出自己的品牌，真是"酒香也怕巷子深"！王军恒很着急，跑到村委会找刘厚贵商议对策。

"农户散养草地猪，纯天然绿色食品，肉质鲜美，肥而不腻，25元一斤，健康消费，助力扶贫……"刘厚贵把广告发到了单位办公交流群和朋友群。没想到，大家纷纷通过电话或微信认购，养殖场出栏的10头猪两天内全部卖完，这让养殖场的王经理信心倍增。

如今，养殖场发展势头良好，管理逐步完善，效益愈加明显，每年可使全村每个贫困户增收272元。不足300元钱，在城市人眼中不够一顿饭的。可在贫困群众眼中，那是开春种地的种子、播撒的化肥农药，或者是一家人全年食用的油钱……

厂汉此老村的托管托养助贫模式得到上级的认可。二份子乡经实地考察后，将其他5个行政村的56万元帮扶资金，全部用来购买品种牛，并将其托管托养在恒鑫源养殖专业合作社，为全乡贫困户的收入拓展了新的渠道。同时，他们还规划下一步增加投入，扩大养殖规模，让贫困群众分到更多的发展红利，实现政府、贫困群众和企业之间的"三赢"格局！

厂汉此老村之变，是人之变。只要心中有民，每一个人都可以成为英雄。

第17篇

福如东村的脱贫"四步走"

可可以力更镇福如东行政村,从地理位置上讲,地处县城周边,交通便捷,居枪盘河畔,与偏远贫瘠的西部区村落相比,不知要好上多少倍。史载,1851年前后,山西等地连年遭灾,一些穷苦人迫于生计无奈"走西口"。他们经白道翻越重重阴山,见此处地势平坦,南靠阴山屏障,北接广阔草原,枪盘河纵贯南北,于是决定在此居住下来。他们或开荒种地,或经商做生意,逐渐开垦耕地近千亩,常住人口百余人。这些历经苦难、劫后余生的人们,取"福如东海长流水"之吉祥语作为此地地名,表达对未来幸福生活的美好愿景。

百余年来的风雨变迁,福如东村的土地和人口规模,早已不可同日而语。与凄惨悲怆的"走西口"先民相比,生活质量和水平有了大幅提升,但那只是自己与先人比,现在同过去比。在举国上下即将迈入全面小康社会的时刻,福如东村人还在贫困线上挣扎。全村户籍人口580户1676人,常住人口只有1097人,其中享受低保104人,五保户10人,享受高龄补贴23人,建档立卡贫困户高达97户180人。也就是说,全村有近1/5的人口在风沙地里刨食,辛苦一年连温饱问题都解决不了。

没有一个春天不会到来。当脱贫攻坚的号角响彻阴山北麓的时候,当桃花、杏花在春寒料峭中肆意绽放的时候,福如东村的有识之士聚在一起,开始思索贫困突围大计。这些世代生活于此的老农们，虽没有多少年轻人眼中的学历和知识，但在人生重大选择的紧要关头，一生的阅历屡屡迸发出智慧的火花。他们深知，群雁高飞头雁带。靠村里留守人员做不成大事，即便国家给钱给物给政策，也得能用到刀刃上，必须推举出一位能干成事的年轻人，走出福如东村自己的脱贫致富之路。

第一步，选担当有为支书。福如东村的"两委"成员和德高望重的老人们，将全村人逐个过滤一遍后，目标锁定在40多岁的郝树平身上。这是个不安分的小伙子，厚重的阴山风脉给予他朴实能干和不服输的个性。他从小在受苦中长大，不愿把青春耗费在家中的百十亩薄田上。下定决心后，郝树平带着后山人敢拼敢闯的劲头和满身力气，毅然走向阴山白道口外的繁华世界。在外闯荡的十几年，郝树平什么苦活累活都干过，饱尝人间冷暖，丰富了人生阅历，也积蓄了足以让自己和家人过上体面生活的财富。2010年，村"两委"班子决定选拔一名后备村干部，经过认真筛选，在外创业的郝树平进入了视线。当时，正是郝树平事业起步较为顺利的时刻，很长一段时间，他陷入了两难的抉择之中。一面是个人小家财富不断积累的好日子，一面是家乡贫困乡亲们急切的脱贫致富梦。权衡再三，郝树平想明白了，家事千般小，国事重如山。在这场轰轰烈烈的脱贫攻坚战中，自己无论如何不能缺席当局外人和旁观者，不能愧对养育自己的家乡父老，更不能愧对信任自己的党组织。他辞掉了山外打拼的业务，开始安心为福如东村的脱贫大计奔波，直到2015年高票当选为村党支部书记。

几年的实践证明，福如东村人的智慧集中到一点，就是为全村人的脱贫致富找到了一位好支书。郝树平受命于危难之时，他的担当作为让我们看到了能人治村产生的奇效。

第二步，抓土地增收之要。刚当选时，面对艰巨的脱贫攻坚任务，郝树平感受到了前所未有的压力。福如东村目前的经济主要以传统的种植业为主，养殖业为辅，小麦、马铃薯、油菜籽、青玉米和豆类，基本上是"靠天吃饭"，收成好一年歉一年，勉强能满足温饱。养殖业收入高、见效快，但前期投入大，没有资金来源，村民望而生畏，还达不到普遍推广的程度。全村共有土地40801亩，其中耕地就有21357亩，大部分耕地没有灌溉条件。如果能扩大水浇地面积，就等于给全村群众家里送粮送钱。福如东村就在枪盘河畔，地下水资源丰富，完全具备发展水浇地的条件。

郝树平没有贸然地去踢开局的"头三脚"，而是深入全村农户家中访贫问苦，听取全村人对脱贫大计的意见和建议，与班子成员一道，反复研究扩大水浇地让村民们增收致富的发展规划。同时，他主持在每个自然村都成立以党员为主体的村民议事小组，对扩大全村水浇地的事情进行充分讨论，汇总全村群众的呼声和建议。最后，村党支部研究决定，抓住国家脱贫政策的大好机遇，利用国家拨付的产业扶贫资金全面发展水浇地。郝树平雷厉风行，说干就干。几年时间里，他带领村干部们，先后在所属8个自然村打机电井，同步配套输水管道、护井坝、变压器，维修加固蓄水池等设施，共发展水浇地5600多亩，其中贫困户受益2000多亩，村民的种植业收入得到大幅提高，很多贫困户通过种地一项直接脱贫。水浇地面积的增加，实现了旱涝保收，使土地效益空前增值。福如东村借此优势，实施了"筑巢引凤"计划，对土地进行流转，进一步提高土地使用效益。他们先后引入各地12家种植基地和公司参与农业投资种植，利用基地充裕的资金和先进的技术，使水浇地面积扩展到20400亩，水浇地面积达到了95%，流转率达到84%，覆盖了全村所有贫困户，农户收入在原来的基础上，又提高了一大截。村民李文高兴奋地说，自己家有36亩土地，一年也打不了多少粮食，自从村里实施水浇地发展计划，家里的20亩旱地变成了水地，粮食产量稳定不说，比往年一下子就增收了五六千元。

千百年来，土地是农民的命根子，是农民生存的全部希望和寄托。把"三年两不收"的旱地变成水浇地，无疑是最直接也是农民增收见效最快的策略。

第三步，壮集体经济规模。一个行政村就是一个小社会，贫困人口的致贫原因千差万别，刚刚上线的贫困群众都有稳定期，帮扶力度和措施跟不上，会造成直接返贫。同时，边缘人口因这样那样的因素，也可能随时致贫。因此，必须壮大村集体经济，在"清零递增"基础上，实现集体经济稳步增长，维护脱贫成果的动态平衡。郝树平带领村党支部一班人，不断拓展群众和集体增收渠道，利用整村推进项目资金，以"党支部+合作社+农户"的模式，建成占地60亩的蔬菜大棚。2016、2017年，蔬菜大棚项目为村委会上交收益24万元，村委会从此有了脱贫攻坚"菜单式"帮扶和公益事业发展的资金支持。同时，每年还为当地村民们提供家门口就近务工岗位50多个，仅务工一项每年为村民们发放务工薪酬约50多万元，带动了村民们普遍增收。在分析产业优势和市场需求的基础上，郝树平和村干部积极向上级申请，争取到了少数民族发展资金，于2017年建成了一处1000平方米的马铃薯储窖，年收益5.6万元左右。经党支部研究决定，将中央专项扶贫资金30万元注入上鱼得养殖专业合作社，实现公司和贫困群众的共赢发展。目前，村集体收益每年可达17.5万元。在上级的指导下，他们建立了与贫困户利益链接机制，将部分村集体收益，以合同约定的方式，确保扶贫资金的安全，又保证贫困户的持续稳定受益，为后续脱贫巩固和提升提供了有力的资金支持。

兜里有钱，心底不慌。集体经济的发展壮大，为村党支部班子高质量完成脱贫攻坚任务，创造了有利条件，奠定了坚实的基础。

第四步，走文旅振兴之路。阴山文化的博大渊源，武川县厚重的人文历史底蕴，大后山夏秋季节凉爽宜人的气候条件，为地处县城边缘的福如东村走文旅振兴之路，提供了无限的发展空间。远的历史不说，清廷与俄罗斯使团互访，大盛魁商号北征俄蒙，万里茶道驼铃声声，枪盘河畔雨后蘑菇般的驼队营帐，敖包山上千百年来的传统祭祀等，每一个点都为福如东村提供了创建旅游品牌的优势。从呼和浩特市翻越白道抵达武川县，仅有30多公里的车程，完全可以集聚庞大的旅游人群。郝树平和支部一班人开始考虑打造乡村旅游特色经济。他们结合"美丽乡村"建设,在推进全村房屋改造和道路建设的同时,修复了8000多平方米水域的万顺湖,成为全县自然村少有的景观水域之一,带动了万顺湖周边闲置民房的利用。郝树平还拿出自己的积蓄,出资重建了2个敖包山,恢复了祭敖包仪式。他还带头搞起了农家乐,在夏秋之季连续举办文化旅游节和葵花节,带动周边村民们利用旅游资源增收。

回顾几年的奋斗历程,郝树平没有满足带领贫困群众脱贫的目标,而是重新审视福如东村的发展优势。他要利用县城郊村的地理优势、蔬菜种植采摘业优势,挖掘福如东的历史文化内涵,布局福如东村全域旅游规划,发展田园乡村综合体,建设村史民俗馆、驼道驿站,恢复"义和堂"遗址,保护古水井,建设旧油坊、磨坊、场面等体验农耕文化的场所,建设万亩葵花、马铃薯、油菜花观光体验基地,打造乡村旅游特色产品,力争从旅游产业上拓展村民增收致富渠道。

截至2018年底,福如东村的贫困户全部实现脱贫,全村综合贫困率由2014年的10.7%降到现在的0.07%。福如东村真正实现了先民"福如东海长流水"的美好愿望。

第18篇

开出健康扶贫的良方

武川县地处阴山北麓，海拔高，气温低。每年春天，呼和浩特市的丁香花，一丛丛，一簇簇，花香满城，而一个月后的武川县，桃花、杏花才在瘦削的枝干上长出星星点点的花蕾。这里风沙强劲，终年不断，贫瘠的土地只能种植传统的马铃薯、油菜籽、莜麦等传统农作物，三年两不收，全县17万人一直处在国贫县行列。恶劣的自然环境，温饱问题尚不能解决的现实，使大批青壮年翻越白道口南下，或西出固阳县，到山外的繁华世界为生计打拼。众多的孤老病残障人口，分散留守在4885平方公里的900多个自然村内，在大山的皱褶深处和地广人稀的风沙地里谋生。"看病难"，一直是困扰广大群众的心头大事。

在农村，很多人既看不上病，更看不起病。无奈之下，只能小病挺着、大病放弃。有不少群众本来家境尚可，然而一人得病，拖垮全家。"辛辛苦苦奔小康，一场大病全泡汤"，这是许多中低收入人群面临大病来袭时的真实写照。一些重病家庭常常陷入"越穷越病、越病越穷"的恶性循环之中。据统计，全县因病因残致贫占比高达42.97%，且以孤老残障者居多，成了脱贫致富路上的"拦路虎"。

2019年6月18日，《人民日报》报道了武川县中后河乡卫生院医生韩四虎的先进事迹。65周岁的韩医生从20世纪70年代开始，除为乡亲们看病，还负责全乡48个村、262平方公里土地上孩童们的防疫接种工作。风雪弥漫，山路崎岖。韩四虎从骑马、骑驴，到骑自行车、骑摩托车，直到2014年才换上儿子给他买的小轿车。他几乎每天都走在"出诊"的路上。47年来，他每年要跑两三万公里，走遍全乡的山山水水，不辞辛苦地为乡亲们送医送药，儿童疫苗接种率达98%以上，经他诊治的乡亲不计其数。卫生院只有7名职工，负责8000多"大后山"群众的医疗卫生任务，任务繁重。在阴山北麓偏僻的乡野，几乎每名医生都是"全科大夫"。

城里人难以想象，贫困地区的医疗卫生条件是多么简单和落后！

武川县的贫困群众是幸运的！他们欣逢盛世，在这场举世瞩目的脱贫攻坚战中，看病难、看病贵的问题，从根本上得到了解决。

在2016年中央扶贫开发工作会议上，国家将实施健康扶贫工程列为打赢脱贫攻坚战的七大行动之一。武川县紧盯"两不愁、三保障"目标，抓住健康扶贫这个关键，坚持"靶向"治疗，实行"分类救治"，推动健康扶贫政策措施落地见效，实现了"小病没负担，大病有兜底"，让贫困群众看得起病、看得好病、看得上病、少生病。他们不断完善制度，打出一套招招见效的"组合拳"。

大幅提高贫困人口医疗报销比例，让贫困群众看得起病。武川县制定了《武川县健康扶贫救助基金管理办法》，筹资500万元成立武川县健康扶贫救助基金，县财政注资128.46万元，再整合吸收民政、扶贫、社会捐资及公益基金，努力实现城乡居民基本医保、大病保险、医疗救助、商业保险等有效衔接。到2018年，全县建档立卡贫困人口住院治疗，医疗费用实际报销比例达到90%，个人只需支付10%的费用，大幅度减少困难群众的看病诊治开支。

实施"三个一批"行动计划，对患病贫困群众全收尽治。首先，大病集中救治一批。将县医院确定为县级定点医疗机构，对可一次性治愈的，制定诊疗方案，进行集中救治，贫困群众大病救治率达到100%。其次，慢性病签约服务管理一批。对患有慢性疾病的,实行家庭医生签约服务和健康服务管理,并对高血压、糖尿病患者开展送医送药活动。对需长期治疗和健康管理的患者,由乡镇卫生院在上级医院的指导下实施救治、上门送药和签约服务慢性病管理,签约服务率达100%;对患有重特大疾病需长期治疗或转诊的患者,在上级医院住院治疗,病情稳定后转回县医院治疗,医疗费用由健康扶贫救助基金进行兜底保障。再次,重病兜底保障一批。对累计自付费用超过3000元的贫困患者,超出部分由健康扶贫基金给予兜底,对于特殊重特大疾病,贫困人口无力支付住院自费费用的,经武川县健康扶贫领导小组确认,可进行再次救助。

实行先诊疗后付费和"一站式"结算服务,简化流程,高效服务。县级公立医院和可开展住院业务的乡镇卫生院为"先诊疗、后付费"定点医疗机构,在县医院开通健康扶贫绿色通道,设立健康扶贫"一站式"综合服务窗口,建档立卡贫困人口在县医院住院治疗的,免交挂号费,免交住院押金,只需提供

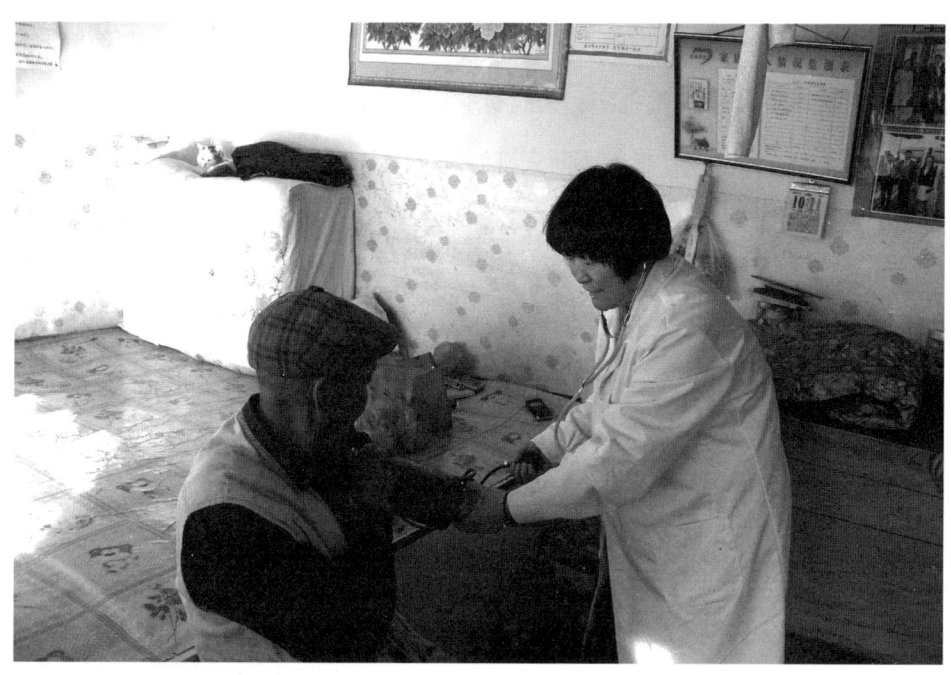

哈乐镇卫生院为贫困户入户体检并送去药品(武川县扶贫办提供)

相关证明材料，出院时实行基本医疗保险、商业保险、民政大病救助等"一站式"结算，即时结报，只需支付10%的医疗费用。

推动大病保险、医疗救助、商业健康保险等制度衔接，为贫困群众构建无缝链接的保障网。从2017年开始，累计为35568名建档立卡贫困人口缴纳商业保险。2017年，每人每年保费120元，保额7.5万元。2018—2020年，每人每年保费500元，保额25万元。通过商业保险助推脱贫，基本形成了"门诊+住院"的全程保障模式和"基本医疗保险+大病医疗保险+商业保险+民政救助+政府兜底"的五重保障模式，兜住了"因病因灾致贫返贫"的底，让贫困群众扛得住灾、看得起病、看得好病。

2018年，二份子乡南书记村的贫困户张三平，因患胆囊炎、胆结石伴有并发症，在内蒙古人民医院住院治疗，共产生医疗费用12818元。结算后，可以统筹医疗费报销8802元，商业保险报销2562元，民政救助199元，自己只负担了1254元。报销的费用直接转到患者提供的银行卡里，并马上收到了短信通知。

"真是没想到，能报销这么多钱，放在以往生这场病又得欠债了。而且十几分钟就办完了，过去跑好几趟也不一定能办完。"张三平说起自己上一年在武川县医保中心"一站式"窗口，只用了18分钟就完成了住院费用的全部报销流程，至今仍喜形于色，赞不绝口。

自脱贫攻坚以来，武川县严格按照国家卫健委等五部门联合印发的文件要求，制定了《武川县建档立卡贫困患者住院"先诊疗、后付费"诊疗服务工作实施意见》。2018年以来，在财力紧困的情况下，由政府投入60万元，研发了健康扶贫"一站式"综合服务软件，成立了县内、县外"一站式"服务窗口，保障贫困人员在县医院看病就医走健康扶贫绿色通道，并免除挂号费和住院押金，极大地方便了贫困人口就医报销，真正实现了让"数据多跑路""群众少跑腿"的便民高效目标，彻底解决了贫困群众看不起病的大难题，点亮了贫困群众脱贫致富奔小康的希望。

健康扶贫的概念是广泛的，让贫困家庭的孩子健康成长，意义更为重大。因为他们不仅是祖国的未来，更是支撑贫困家庭的希望和为之奋斗的动力。

武川县建立了老区贫困儿童和贫困残疾学生救助金，在执行国家"两免两补"的基础上，县里增加补贴优惠项目，对县内公办学校住校就读的儿童及中小学生免伙食费、补往返路费和日常学习用品支出。幼儿园学生补助6050元，小学生补助4000元，初中生补助4250元，普通高中学生补助6550元，职业高中学生补助6550元，大学生新生享受国家资助10000元，未享受国家资助政策的在校大学生，由县政府资助10000元。此项政策，共惠及全县约800名贫困学生和残疾儿童，政府用有限的财力，力求把孩子们健康成长的"功课"做足。

武川县各村镇地处偏远，一些年老体弱的贫困群众行动不便，外出看病困难。为解决这一问题，2017年6月，县卫计局积极组织开展"惠民健康行"活动，组织医护人员历时20多天，为全县1228名建档立卡贫困人口进行免费健康体检，包括物理检查、心电图、上下腹部彩超、X光胸部正位等十大项。通过健康体检，进一步了解全县贫困人口的健康状况，筛查重大疾病，帮助贫困人口实现"有病早治、无病预防"，有效减少了因病致贫、返贫发生率。

县蒙中医院以中医为主，兼具蒙医蒙药，具有独特的民族特色。医护人员结合自身的中医"治未病"优势，定期组织专家下到基层乡镇卫生室给当地村民开展"体质辨识"，根据村民的体质提供个性化的防病治病宣讲和指导用药，与基层卫生室建立起"医联体"网络，使村民足不出村就可以享受到县级医院的诊疗。

借京蒙对口扶贫协作东风，2018年11月，在北京妇产医院的帮助下，武川县医院建立了第一个新生儿科门诊。来自北京的新生儿科寇晨医生和刘玉惠护士，对武川县医院进行了8个月的病房建设及相关知识培训，终于在2019年7月，收治了第一名黄疸患儿，并于2019年9月开设了"儿童保健门诊"，负

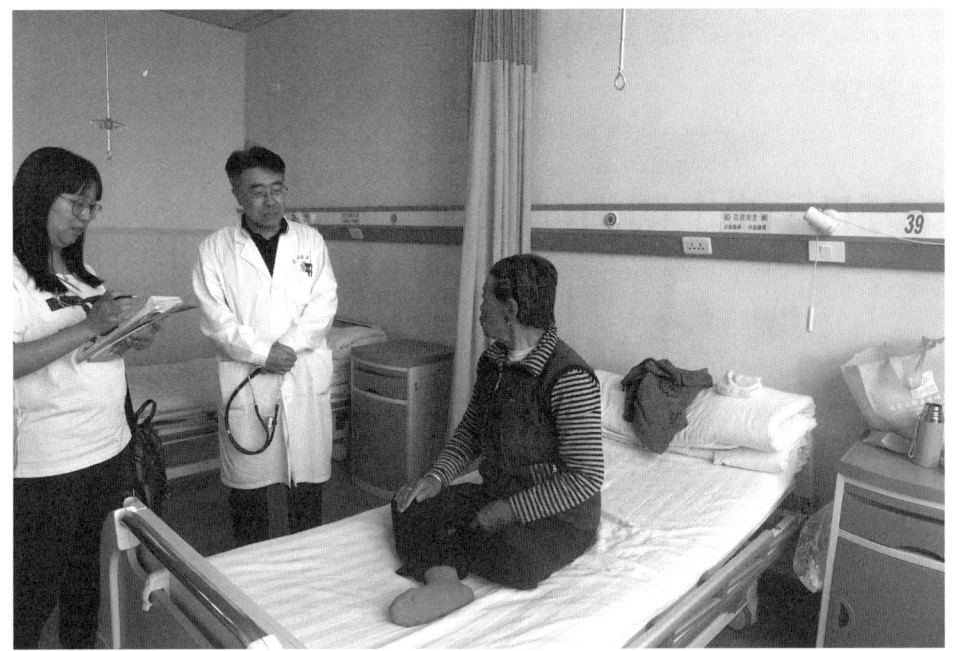

哈乐镇卫生院为贫困户入户体检并送去药品（武川县扶贫办提供）

责本地区出生后42天婴幼儿复查、婴幼儿的保健体检、婴幼儿生长发育指标测量、婴幼儿时期的喂养、母乳喂养指导、辅食添加等情况以及高危儿的筛选及转诊、健康教育及健康指导等工作，为武川县的婴幼儿带来连续性的健康服务，推动儿童保健事业全面发展。

健康是人的基本权利，健康是人生的第一财富，健康更是贫困群众迈向小康社会必须要跨过去的一道门槛。

阴山北麓这场脱贫攻坚"突围"战中，武川县因地制宜，为贫困群众的"健康扶贫"开出了自己的"药方"，取得了显著成效，扫清了万千贫困群众心底的阴霾，只是迈开了万里长征的第一步。在"健康中国"建设目标指引下，提升健康理念、普及健康生活、优化健康服务、完善健康保障、建设健康环境、发展健康产业，武川县还有相当长的路要走。

第19篇

好日子走上阴山坝顶

武川县大青山乡坝顶村是一个典型的山区村，车辆从呼和浩特市郊坝口子村穿过，在阴山山脉的层峦叠嶂中盘旋而上穿行17公里后，进入武川界的第一个村坝顶行政村。村庄距县城20公里，处于阴山山脉呼武公路的最高点，人们为村庄取名坝顶。

这里平均海拔达2000米，总占地面积99平方公里，户籍人口426户835人，常住人口132户256人。雄浑的阴山峰谷相连，辖区内的10个自然村，星星点点分散在大山深处的皱褶里，多的有二三十户人家，少的只有几户。车辆从公路上呼啸而过，稍不留意，可能注意不到村庄的存在。二道洼、三道洼、薛台洼、十四板、巨金山、土城梁……从这些自然村的名字就能感觉到，他们是真正的大山子民。

一直以来，让坝顶村人眉飞色舞、引以为傲的，是来自家乡特殊的地理位置和遥远的历史记忆。

坝顶自然村旁的蜈蚣坝古称白道岭，是古今沟通山南山北的必经之地。白道是阴山山脉南北交通的一条通道，是内蒙古高原与晋陕地区间的交通，经乌索图沟，是一条捷径，但乌素图沟内山高谷深，大批人员和车马较难通行，古诗形容"云催古道见天低，鞭打喘牛不能前"。于是，人们便在附近山势较

坝顶村（武川县扶贫办提供）

缓地带开辟出一条山道。这条山道有一段为凝灰岩构成的山梁，高出地面3至6米，宽约20至30米，南北长380米，色灰白如石灰，遂取名为白道。北魏王朝为扼守此重要通道，在山南筑一座军事城堡——白道城，城址就在今呼和浩特市北郊坝子口村。在山北的白道岭上，有北魏王朝太祖皇帝拓跋珪兴建的行宫，外围有椭圆形的石墙，东西最大直径约80米，有城门4座。院内有一座圆形的建筑台基，直径约45米。《水经注》中记载："宫城在白道岭北阜上，其城圆角而不方，四门列观，城内唯台殿而已。"在坝顶村西南约1公里处，有北魏皇家环形祭祀遗址，坐落在蜈蚣坝坝顶西阜海拔1662米的山脊之上。茵茵夏日，环形祭天遗址被绿色覆盖，大气磅礴，蔚为壮观，构成广袤阴山中一幅神奇别致的景观。

及至近代，蜈蚣坝依然发挥出其军事要塞的重要作用。1938年9月下旬，八路军120师358旅715团为主力的大青山抗日支队，在李井泉、姚喆等八路军首长的指挥下，利用蜈蚣坝天险设伏，半个小时内全歼日军80多人，击毙日军少佐一人，缴获机枪9挺，掷弹筒5个和一批枪支弹药，沉重地打击了侵略者的嚣张气焰，鼓舞了抗日军民的士气。2014年9月3日，在抗战胜利69周年之际，武川县在大青山乡坝顶村104省道18公里处竖碑纪念。石碑面南背北，长6.6米，宽1米，高1.9米，背面碑文详述了此役的经过，正面是大青山抗日支队老战士郝秀山亲笔题字："蜈蚣坝伏击战革命遗址"，字体遒劲有力，气势夺人，是"塞外小延安"武川县向阴山南麓展示的第一个红色革命遗迹。

不知是因为躲避战乱，还是"走西口"逃难到此落脚，连当地村民自己也说不清楚，为什么他们的先民会选择居住在自然条件恶劣的阴山深处。他们以此为家，把一处处山梁、沟坎和洼地进行平整，种上耐旱的荞麦、土豆、莜麦等农作物。全村耕地面积高达7500亩，因海拔偏高，风沙大，气候偏寒，昼夜温差大，无霜期只有103天左右，加上降雨量偏少，常年干旱，村里人虽辛勤

笔者在蜈蚣坝伏击战遗址纪念碑留影（聂春辉 摄）

劳作，但收入无几，勉强在温饱线上下徘徊。青壮年纷纷走出大山，奔向山外的富庶繁华都市务工，把老弱病残和苦日子留在了山里。全村低保户就有85户128人，五保户17户，身体残疾者51人，建档立卡贫困户18户28人。从数字上可以看出并能想象得到，坝顶村人的贫困景象。

2014年，党的富民政策走进大山，坝顶村拉开了脱贫攻坚的序幕。在精准扶贫识别问题上，村党支部和驻村工作队严格准确执行程序要求，把真实的贫困户筛选出来，纳入贫困户类别，建档立卡实施具体帮扶工作。农村的贫困是全方位的，他们就从村民最困难的事情抓起。

从有村民居住开始，巨金山、土城梁、薛台洼三个自然村就面临着吃水困难的问题。过去吃水要到几里外的沟底，用驴往家驮，遇上冰天雪地，只好靠人背。为了解决村民吃水难的问题，村党支部书记多次跑县乡部门，寻求上级资助，并自筹资金5万元，带领老少村民在山坡上挖沟铺设管道620多米，终于引水进村，进入家家户户，解决了巨金山20户50人、土城梁14户26人的吃水问题。同时，为无法铺设管道的薛台洼村建设抽水点，购置水泵及配套电源等设备，方便农户拉水。由行政村出资为7户16位村民补贴拉水费用，彻底解决了3个村子的吃水难问题。

要想富，先修路。坝顶行政村有3个自然村，进出的山路崎岖蜿蜒，给村民们的生产生活带来极大的不便，冬春季上山铲雪救援，夏秋时填沟排洪修路，成了村干部一年四季的"必修课"。每年临近年关时，山上流下的泉水都会在坝顶自然村进村道路上大面积结冰，高度达1.5米左右，人步行通过都困难，车辆更是无法通行。每次都是村里组织人员雇用挖掘机，用几天时间挖出一条出行道，确保村民们顺利出行，平安过年。为此，村书记和驻村干部多方筹集资金，经过3年的努力，终于修通了一条4.2公里长的砂石路，解决了困扰历代村民的出行难问题。同时，他们利用上级下拨的扶贫资金，把10个自然村年久失修、损坏严重的房屋全部进行了改建，确保无一户村民居住危房。

坝顶村不缺耕地，但各自然村地处干旱少雨的大山深处，"三年两不收"成了传统种植业的常态。如果能引水上山，把旱地变成水浇地，就可以更换种植品种，村民们实现稳产增收，能让贫困户早脱贫、一般户早致富，也为村集体经济发展奠定了一定的基础。村党支部"一班人"协调资金20多万元，在离水源地较近、土地较平整的种地窑自然村，请测绘专业技术人员测量确定水源地，打出了1眼机电井，配套了40根电杆、1万米电线和1台变压器，把600亩旱地变成水浇地，结束了全村靠天吃饭的历史。

受地理位置影响，坝顶村底子薄，人力、财力和基础设施建设一直跟不上，在本地发展产业困难较大。于是，他们采用县里推广的"飞地经济"模式，整合村内资金资源，拓展增收渠道，实现贫困群众稳步增收，稳定脱贫。在与县乡联合调研论证的基础上，将100万元扶贫专项资金入股呼和浩特蒙禾源菌业有限公司，年利益分红6.5万元；委托内蒙古草原乌骨羊生物科技有限公司托管代养基础种羊110只，年利益分红3.2万元；投资44万元与内蒙古燕谷坊生态农业发展（集团）有限公司合作经营，年利益分红3.52万元；出租内蒙古易农粮油加工厂，年收租赁费7260元。村里将每年十几万元收入，用于无劳动能力贫困户的生活补贴。同时，将公益岗位，优先分配给有劳动能力的贫困户，让他们在家门口就业，做到自食其力。

处在大青山生态核心区域的坝顶村人，在政府的宣传和号召下，生态保护意识不断增强，村里年年组织村民植树造林，绿化美化山川大地。树木长起来了，浓浓的绿色慢慢延伸到阴山之巅。他们开始发展林下经济，培育种植黑枸杞、芍药、苦生、红柴胡等本地生长的珍贵中草药。以前没技术不会种，现在政府不但送技术，还送资金，保销路，何愁赚不到钱！村民们改变了过去的等、靠、要的依赖思想，开始争先恐后地探寻自己的致富门路，对小康社会和美好未来的新生活，从来没有像今天这样渴盼过。

距离呼和浩特市仅十几公里的独特优势，进入武川县城的必经之路，蜚声海内外的阴山之巅白道岭，山脊蜿蜒起伏的秦汉长城遗迹，北魏王朝的神秘行宫和祭天遗址，著名的蜈蚣坝抗日伏击战，吉鸿昌将军的亲笔题词，美丽迷人的哈达门高山牧场，为坝顶村人发展旅游业提供了无限的发展空间。已经有村民开始开设农家院、休闲场馆等，为游人提供便利的同时，使村里的莜面、土鸡蛋、土猪肉和"大后山"羊肉卖出了好价钱，为自己赚得不菲的收入。村里还建立了电子商务服务平台，宣传销售本地农副产品，让这些绿色农产品，搭上信息时代的快车，走进千家万户。

摆脱贫困的坝顶村人，开始喜欢上粗犷的阴山，看山山有意，看水水有情。他们从自己渐渐鼓起的腰包里，悟出了"绿水青山就是金山银山"的大道理。

为使过往民众避白道岭之险，1926年春，时任绥远警务处处长的著名抗日民族英雄吉鸿昌，在当地义工的帮助下亲率所部重修蜈蚣坝，将古白道从山顶改至谷底，历时3个月完工，完成天堑通途之举。竣工之日，将军欣然手书"化险为夷"4个大字，刻于马家店村东石崖之上，至今犹存。

而今，党和政府用一心为民的生动实践，将"脱贫致富"四个大字，深深印在了阴山深处贫困群众的心里，开出了幸福绚烂的希望之花。

第20篇

扶贫一线的绿色身影

阴山万壑,风沙强悍。在武川县脱贫攻坚战中,活跃着一支绿色的身影,他们在紧张的训练战备之余,走入田间地头、村舍农家,在不见硝烟的战场上,以参战的姿态和力度,诠释着人民子弟兵的家国情怀。

武川县人武部史兴强部长,于2018年8月上任时,正赶上脱贫攻坚战最紧张的时刻。按照县里扶贫的统一安排,人武部3个干部、8个职工,每人包一户。他包扶的是上秃亥乡的小西滩、白泥壕、黑沙兔3个行政村,还有5户贫困群众。脱贫攻坚是硬指标,如同战场上必须攻克的堡垒,战场上敌人是不和你讲条件的。史兴强二话不说,开始往返于人武部和贫困村之间,实地调研走访,倾听群众心声,协调项目落地,为困难群众解决具体问题。因为人武部人人都有包扶任务,部里各类会议最后都是扶贫话题,大家在一起交流经验,研究对策,还要协调驻呼部队参与武川县扶贫的具体事宜,会议经常开到深夜。

人武部人少,经费专款专用,但他们深知脱贫攻坚的分量,每年都从标准经费中压减出一部分,用于扶贫。2019年春天,正是春耕大忙时节,人武部为6个自然村的贫困群众购买了5万元的化肥,解除了他们的春耕之需。为加强大兴有村"两委"阵地建设,人武部花了3万元,为他们买了一台电脑、一台打印机、办公桌椅、LED显示屏,制作了"三务"公开公示栏。2019年10月,人武部走访慰问大兴有村，花了7000多元，给大兴有村115户村民，每户购买了1个暖水瓶，物品虽小，却拉近了干部和群众的距离。

黑沙兔行政村小后沟村的村民一到雨季就犯愁，出村办事必经一道沟渠，晴天沙土没过脚面，雨天泥泞无法通行。2019年7月，人武部出面找冀东水泥厂，协调解决了20吨水泥，村民出力，为小后沟村修建了一条5米宽、90米长的漫水桥，解决了几个自然村群众雨季出行难的问题。

激发贫困群众的内生动力，让他们主动参与到脱贫事业中来，有时比给钱给物更重要。哈拉合少乡后营子行政村村民张某，年轻时曾在西乌兰不浪学校当过老师，小日子虽说不上多富裕，但也能过得去。后来，张某因患有多年腰椎间盘突出，劳动能力低，加之妻子患有肢体残疾，债台高筑，一家人的日子跌入低谷。妻子去世后，张某面对破败的家庭，开始破罐子破摔。人武部石鹏伯政委包扶张某一家，多次登门入户，主动为其排忧解难。他为张某协调住进

武川县人武部研究脱贫攻坚举措（武川县扶贫办提供）

了幸福互助院，办理了低保，县就业局为其女儿每月补助1500元，送到呼和浩特市学习美容美发。经过耐心的交流谈心，张某终于鼓起了生活的勇气，开始学习网络电商技能，要把家乡的土特产品卖到阴山外的大城市。日子过好了，张某感激石政委的一片苦良用心，逢年过节，都会发条感谢的信息。

人武部34岁的职工那森，包扶大青山乡大兴有行政村四合义自然村的贫困户贾喜毛家，79岁的贾喜毛和71岁的老伴都患有白内障。他们家2019年收入如下：养老保险4631元，低保金6976.67元，残疾补贴5200元，粮食补贴1615.9元，公益林补贴169.15元，电费补助97.12元。除此之外，不服老的贾喜毛还获得了村里的公益岗位，为村里打扫街道卫生，每月还有300元收入，老两口一年的收入加起来就达22289.84元。年轻勤快的小伙子那森，没事就往贾喜毛家跑，帮助老两口代买东西，打扫院落，修理水井，啥活儿都干，乐得老两口合不拢嘴，逢人就夸小伙子。有人帮忙，老两口又养了2只羊、几十只鸡，小日子越过越有精神。

2018年以来，人武部已从有限的标准经费里，共投入10万多元用于扶贫。2020年，在决战决胜脱贫攻坚的总攻时刻，人武部从紧张的经费中，再次拿出10万元，计划给刚刚摆脱贫困的村民们买一批基础母羊，引导他们发展养殖业，让他们在新的起点上开拓出更美好的生活。

人武部史兴强部长高兴地说，参与到脱贫攻坚这场伟大事业中，看到那么多受到帮扶的贫困群众发家致富，小日子过得比城里人都好，心里有说不出的高兴。他不仅惦记着村民们，也没有忘记驻村第一书记和扶贫工作队，每次去村里，他都同他们在一起研究脱贫攻坚的具体事宜，询问他们的工作生活情况。他知道大家驻村生活很清苦，没有公共食堂，几个人自己做饭，忙起来饥一顿饱一顿的。"五一"假期前夕，他到市场上买了20只鸡，亲自送到包扶村的工作队队员那里，改善他们的伙食。

驻军969医院是一支有着光荣传统的红军医院，在这场脱贫攻坚战中，白衣天使们把健康送到阴山北麓。医院与呼和浩特市社会扶贫促进会联手，积极开展医疗扶贫。2018年，为武川县贫困群众开展义诊，并赠送了7000多元的各类药品。针对当地村镇基层医疗人才匮乏的实际，为武川县乡村医生举办了一期培训班，帮助乡村医生提高技术水平，为老区人民服务。驻军969医院根据武川县的医疗需求，精心准备，派出了药剂科、感染性疾病科等5个科室的专家，对B超机、心电图仪、常规检测仪器的日常使用，处方和病例的规范书写及合理用药的相关知识进行辅导，并通过发放讲义、留下联系方式、制作宣传展板等方式，进一步增强培训效果，受到130名乡村医生的好评。哈乐镇白沙泉村村民，因高空跌落导致腰椎体爆裂性骨折，丧失劳动能力，生活困难，医院为其购买日常药品共计10000元。

哈乐镇白沙泉村一直没有路灯，村民们夜间出行极为不便。驻军969医院领导考察后，投资13万多元，为村里安装了70盏太阳能路灯。从此，黑黢黢的阴山多了点点妩媚的光辉。

在这场脱贫攻坚战中，内蒙古预备役30师投入31万多元，为可可以力更镇乌兰忽洞村村委会新建1座高位蓄水池，打了1眼深井，解决了全村旱地改水浇地的大问题，使村民们的种植业收入成倍增长。投入24万多元，为定相营村村委会建设一处养殖场，为村民们发展养殖业提供了条件。几年来，参与武川县脱贫攻坚的部队共有8支，帮扶5个乡镇（可可以力更镇、西乌兰不浪镇、大青山乡、二份子乡、哈乐镇），8个驻呼军队单位包扶7个贫困村，投资100多万元，实施4个帮扶项目。这些绿色身影，成为阴山脚下脱贫攻坚战线上一道亮丽的风景。

老子说："治人事天，莫若啬。"译本大都将"啬"解释为"收敛"，可能受老子的"不争""无为""处下""退让"等思想影响。究其实，这个"啬"应指"农事"，也就是说，治理民众、推行天道没有比农事更重要的了！民以食为天，万物生灵，要想在这个星球上生生不息地活下去，首先要解

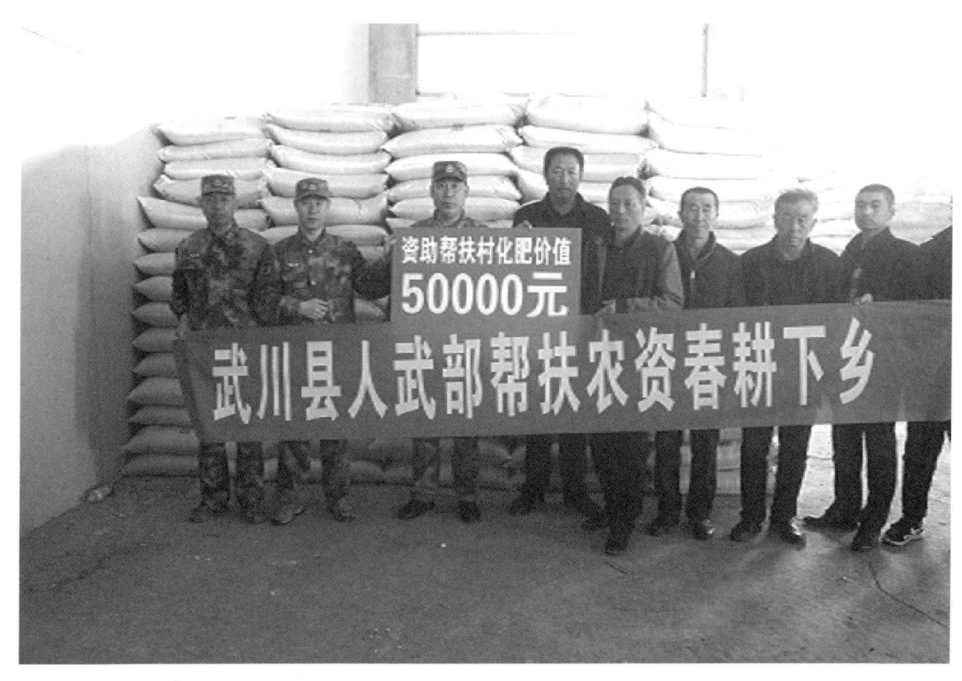

武川县人武部向贫困群众捐赠春耕农资（武川县扶贫办提供）

决的是吃饭问题。

千百年来，莽莽阴山脚下，马背民族上演了一幕幕战争大剧，勇士们催动战马狂飙突进，成群的牛羊紧随其后，这就是"流动的军粮"，也是军队战斗力的根源所在。古今同理，军队参与扶贫，本是职责所系。人民子弟兵来自人民，根植于人民，军民之间是鱼水深情，是不可分割的一个整体。在任何时候，人民都是军队克敌制胜、所向披靡的强大靠山。

京蒙协作篇

第21篇

东方春来

——北京市门头沟区与武川县对接开展京蒙扶贫协作纪实

长远看,东西部扶贫协作要立足国家区域发展总体战略,深化区域合作,推进东部产业向西部梯度转移,实现产业互补、人员互动、技术互学、观念互通、作风互鉴,共同发展。

——习近平总书记《在决战决胜脱贫攻坚座谈会上的讲话》

(2020年3月6日)

北京市门头沟区与内蒙古自治区武川县,一个地处京西重地,繁华富庶;一个位于阴山北麓,国家级贫困县。两地关山重重,远隔千里,似乎怎么也联系不到一起,即便有游客到呼和浩特市游玩,也不一定会穿越连绵高耸的阴山,去欣赏塞上高原小城武川县贫瘠荒凉的土地,感受终年不断的猎猎风沙。

从历史上看,门头沟和武川两地曾安危与共。北魏时期,为防备北方草原的柔然族南下和南方割据政权北上,曾举全国之力,修筑了南北两条长城。北长城东起河北赤城东北,经张北县、尚义县以及内蒙古化德县、四子王旗、武川县至巴彦淖尔市五原县,总长度1000公里;南长城又名"畿上塞围",起点是北京市延庆县附近,由居庸关向北,经河北省、山西省北境,进入内蒙古自治区兴和县,一路沿丰镇、凉城、和林格尔县、清水河县,到达黄河东岸。作为"京西天然屏障"的门头沟区，境内至今尚留有北魏长城遗迹，与"北魏六镇"之一的武川县一道，处在南北长城防线重要支撑点和战略依托，共同构筑了北魏王朝强大坚固的御敌防线。

如今，在武川县17万群众向贫困宣战突围的关键时刻，党中央发出了东西部扶贫协作和对口支援的号召，33万门头沟区人民向武川县伸出了援助的双手，如东风送暖，春满阴山。

2018年4月，正是阴山南北冰消雪融、春暖花开时节，武川县和门头沟区两地多层次、全方位的协作机制开始建立并逐步走向成熟，资金支持、产业合作、劳务协作、人才支援等重点帮扶领域，在阴山北麓开花结果。

两年来，两地党政主要领导运筹帷幄，高起点谋划，先后完成互访9次，

门头沟区斋堂镇与武川县上秃亥乡对口帮扶座谈会（武川县扶贫办提供）

召开联席会议6次，签署携手奔小康协议3份，迅速构建起京蒙扶贫协作的大格局。巍巍阴山做证，京蒙帮扶已经成为助推武川县脱贫攻坚的强大动力，在新的起点上，助力武川县跑出脱贫攻坚"加速度"，为武川县顺利退出国贫县贡献了来自京城的智慧和力量。

（一）资金支持，为脱贫攻坚推波助澜

扶贫事业离不开资金，有了资金如何使用？实践中，贯彻落实中央"资金使用精准"的要求，成了考验各级政府智慧的必答题。

门头沟区和武川县两地政府相关部门，开始穿梭在京蒙两地，他们顶风踏雪，走乡入村，了解当地资源禀赋，倾听贫困群众呼声，充分开展调研论证。在深入分析武川县脱贫攻坚任务和长期发展需要的前提下，着眼建立收益长效机制，力求使帮扶资金发挥出最大效益。为加快项目实施，县委、县政府多次召开会议调度推进，县扶贫办牵头对项目建设过程进行监督管理，严格执行申报、过会、批复、公示等规范程序，力争把每一分扶贫资金都花在刀刃上。

依托企业实现增收。红山子村位于西乌兰不浪镇东北部，与希拉穆仁草原相邻，是发展养殖业的首选之地。经过多次考察调研后，投入资金210万元入股"红山子村肉羊养殖"企业项目。从2018年起，企业按每年6.5%即13.65万元缴纳收益，直接划拨至西乌兰不浪镇政府，由镇政府统筹，通过生产务工奖补、大病救助、无劳动能力贫困户直接帮扶等形式，将收益精准投入贫困户帮扶之中，直接帮扶贫困人口288人。依托"哈拉合少乡种羊科技服务肉羊品种改良"项目，投入264万元扶贫资金购买330只杜泊种公羊。从2018年起，企业按8%即每年21.12万元缴纳收益划拨至乡政府，由乡政府通过生产务工奖补、大病救助、无劳动能力贫困户直接帮扶等形式，帮扶贫困人口633人。实施"大青山乡乌骨羊养殖项目"，投入扶贫资金300万元以适当低于市场价的价格购买内蒙古草原乌骨羊生物科技有限公司乌骨羊667只，将扶贫资金变为

扶贫资产，购买乌骨羊交由该公司托养，资产归属大青山乡大兴有村等6个贫困村。从2019年起，企业按6.5%收益比例每年保本返利19.5万元至乡政府，用于316名贫困人口的直接帮扶。采用同一模式，2020年继续开发"蒙禾源食用菌产业发展项目"和"哈乐镇燕麦米加工项目"，分别投入扶贫资金300万元和100万元，由呼和浩特蒙禾源菌业有限公司和农兴农产品专业合作社按每年6.5%和8%的收益率返利帮扶上秃亥乡、哈乐镇共201名贫困人口。

开发项目创新增收。2018年，投入150万元支持二份子乡双玉城村村委会异地建设起926平方米马铃薯储窖1座，资产归属双玉城村村委会。2019年，面向市场签订了租赁协议，为该村带来长期、稳定的集体收入，实现181名贫困人口的长期帮扶。2019年，实施"纳令沟村油料加工厂建设项目"，投入50万元利用闲置厂房建设起油料加工厂1座，固定资产归属纳令沟村村委会，企业按6.5%向村委会返利用于得胜沟乡62名贫困人口的帮扶工作。实施"哈拉合少乡黄花滩冷凉蔬菜种植基地建设项目"，投入资金63万元建设钢架中棚30座，由哈拉合少村面向企业签订了租赁协议。2019年起，每年产生6.5%稳定集体收入用于150名贫困人口的帮扶。2019—2020年实施光伏扶贫电站项目6个，在西乌兰不浪镇西乌兰不浪村、什拉兔村、巨宝庄村、上秃亥乡黑沙兔村、马王庙村、哈拉合少乡哈拉合少村，总计投入547万元兴建860KW容量的村级光伏电站，现2019年电站均已并网发电产生收益，今后将按季度长期为827名贫困人口提供帮扶资金。2019—2020年实施二份子乡蛋鸡养殖场建设项目和育雏鸡建设项目，先后投入1460万元，建设1座12万只规模蛋鸡养殖场和1栋育雏鸡舍，今后可长期向乡政府缴纳租金，并低于市场价向贫困户淘汰鸡供二次销售，每年综合返利率约7%，实现稳定带贫750人。

扩大企业规模增收。2018年，投入资金200万元用于焊接4915个大棚架子，租赁给呼和浩特蒙禾源菌业有限公司发展生产。自2019年起，企业按每年6.5%即13万元缴纳租金，通过贫困群众就业和租金收益，带动贫困户248名贫困人口直接增收。2019年，实施"三间房村食用菌大棚建设项目"，投入140万元修缮三间房村92个大棚，并配置菌棒架、节水灌溉喷头等生产设施，由三间房村村委会与呼和浩特蒙禾源菌业有限公司签署了租赁协议，按每年6.5%的租金获取收益，稳定带动90名贫困人口受益。实施"黑沙兔村药材育苗项目"，扶持当地中草药种植合作社扩大生产能力，按每年6.5%收益率向村委会返利用于60名贫困人口的帮扶工作。

完善基础设施创收。2018年投入资金100万元为哈乐镇根根渠村建设蓄水池等水利配套设施，为120名贫困人口的农业生产提供保障。投入20万元资金，开展了什八台村大口井建设和管道配套工作，有效改良了耕地品质，可直接带动26名贫困人口通过增产实现增收。2020年投入资金146万元实施巨宝庄水厂安全饮水提升工程，新打井3眼，建设蓄水池3座，铺设输水管网5.2公里，解决了白沙泉和根根渠行政村8个自然村的供水保证率不稳定问题。投入资金170万元，实施哈拉合少乡大庙村至刘二窑村1.5公里通村道路建设，为人员和物资出行提供保障。

拓展"特色农产品文化交流合作"项目创收。2018—2019年连续两年每年投入100万元，由县发改委监管内蒙古云巢科技有限公司，用于开展武川莜面文化节、电商培训、贫困户技能培训、招商推荐会、展销会、品牌扶贫和贫困户调研慰问等活动，通过搭建现代农业成果展示平台、安全优质农产品交易平台、涉农企业合作平台、"互联网+"农业实用技术信息发布平台，促进了武川县农特产品销售和知名度提升。投入50万元用于"北京农业嘉年华农业产品展销会"活动，在历时58天的时间里，共20多家武川县企业参展，接待游客30万人次，销售农特产品6万多元，发放推广手册5万多份，有效提高了武川县品牌的知名度。

随着一个个资金项目落地，武川县的扶贫事业走上快车道。2018—2019年，武川县共实施京蒙扶贫协作项目39个，资金总量达4088.55万元，涉及14个乡镇和部门，在利益联结机制上覆盖了全部享受政策的建档立卡贫困人口，门头沟区财政援助资金100%用在贫困户精准帮扶上，实现了当年规划、当年落地、当年见效。2020年，北京市继续加大支持力度，目前正在实施的京蒙扶贫协作项目有29个，资金总量2652.385万元，为武川县巩固和提升脱贫成效注入了更大的动力。

（二）产业合作，激活脱贫"造血"功能

建设一批贫困人口参与度高的特色产业基地，是有效带动贫困群众产业脱贫、吸纳就业脱贫的"重头戏"。

有着"中国玫瑰之乡"美誉的门头沟妙峰山玫瑰，已有几百年栽培历史，它以玫瑰朵大、色艳、味浓、含油量高、品质优异、经济价值高而驰名中外。妙峰山玫瑰除观赏外，可提取精油、入药、食用、做茶，甚至可以制作玫瑰露酒。因此，人们把妙峰山的涧沟称作玫瑰谷。它是京城玫瑰花生产基地，全国农产品地理标志。高山玫瑰花是一次种植、连续多年采摘的优势品种，妙峰山镇种植开发经验丰富，种植加工技术全国领先，已形成了完善的产业链。

2018年4月，门头沟区委主要领导考察哈乐镇根根渠村时，根据当地海拔、气候、地形等环境因素，建议开展高山玫瑰产业移植试点项目。在两地党政领导的直接推动下，门头沟区额外拿出区级财政资金，对口援赠哈乐镇70万元玫瑰秧苗，并提供技术指导，帮助哈乐镇根根渠村建设起110亩高山玫瑰园，项目在5月初迅速落地。2019年，门头沟区继续援建资金55万元，完成补种30亩、新种70亩的工程量，2020年再次投入81万元援助资金扩大种植面积120亩，3年累计实现300亩高山玫瑰种植规模，与周边向日葵、油菜花等景观花田连片，组成花田景观带。目前，精品民宿、二次加工产业正在接洽中，将最终在首府后花园建设成集观光旅游、农家乐休闲、玫瑰二次加工为一体，产业、文化和旅游三大功能有机融合的旅游示范产业园区。该项目的实施，至少

带动贫困户61户146人，促进当地农户普遍稳定增收脱贫。

积极承接北京市优势产业项目转移，更好地实现同频共振、共赢发展，提升全县扶贫产业可持续发展能力，是武川县产业发展的关键环节。他们充分发挥市场机制、帮扶协作机制，积极做好企业对接服务，多方争取、积极对接北京意向企业来访考察调研，做好亲商安商服务。相关部门积极协作，掌握企业调研需求，针对企业类型精心设计考察线路，做好对接服务，后续与来访企业继续保持密切联系，在政策、信息等方面与企业深入交流，为经贸合作牵线搭桥，为深度合作奠定坚实基础，实现互利共赢。

武川县海拔高、风速大、气候冷凉、日照时间长、昼夜温差大，是中药材的理想生长地。很多山区的农户都有种植中药材的传统，在清代武川地区

门头沟区支教教师与武川县学生在一起（武川县扶贫办提供）

有"正北芪之乡"的美誉。为做大这一优势产业，2018年2月，中国通用技术（集团）控股有限责任公司下属中国医药与武川县阴山药材合作社联手，总投资840万元，在得胜沟乡合资成立了武川县第一个集种植、产地初加工、销售为一体的规范化中药饮片加工企业，设计年加工中药材能力2000~3000吨。公司中药材购销业务有序开展，下游医药企业渠道对接顺畅，先后与丽珠制药等6家企业建立了良好的关系，武川县中药材资源优势将逐步得以挖掘，不仅提高贫困群众种植中药材的热情，也有效推动武川县中药材产业蓬勃发展。2018—2019年，北京兴农泰华生物科技公司投入3600万元，用于内蒙古兴农泰华有机农业有限公司生产线建设。公司流转土地约5.4万亩，用于种植杂粮作物，在武川县金三角园区开工建设杂粮加工车间、仓库和办公大楼，投产后可直接带动202户608名贫困人口增收。2020年3月新引入消费流通企业1个，注册武川宝贝多多科技有限公司，注册资金100万元，目前已正常运营，1月内销售武川县产品进京逾50万元。

随着资金和产业的深度融合，与贫困群众利益联结机制的不断完善，扶贫模式也愈加精准到位，形成了系列"扶贫车间"带动精准帮扶，让贫困群众"足不出户、就地致富"。创立"企业受赠+承诺用工"合作模式，形成"企业扶贫车间"，哈乐镇政府与当地粮油加工企业签署合作协议，企业作为资金接收方，优先、长期为贫困劳动力提供工作岗位，实现带动务工15人（贫困户3人），同时面向全镇500多户贫困家庭提供每户1000斤粮食免费加工服务，直接受益贫困户已近300户。创立"村委会+统筹帮扶"合作模式，形成"村集体扶贫车间"，义兴元村村委会作为资金接收方，建起特色雪菊加工厂，统一收购、加工、包装、销售全村镇雪菊茶，雇佣贫困户参与加工、包装工作，销售利润由村民大会协商确定帮扶对象和帮扶方式，已带动24户贫困户。创立"合作社+承诺用工"合作模式，形成"合作社扶贫车间"，通过捐赠资金扶持大青山乡鼎盛编织袋加工厂扶贫车间，已相继带动30多人次务工，其中贫困人口16人，2020年采取此模式继续开发4个扶贫车间，预计带动务工人员40人以上。创立"订单+包销"合作模式，形成"居家扶贫车间"，上秃亥村与致富带头人签订合作协议，转赠帮扶资金并免费提供村集体闲置用房，由致富带头人提供生产原料、技术培训和包销服务，贫困户可选择在家或厂房从事手工艺品加工，按件获得劳务报酬，至少带动30名大龄贫困劳动力实现务工增收。

（三）劳务协作，实施就业扶持行动

为深入对接劳务协作工作，做好就业服务，促进贫困人口实现就地或跨区域就业。2018年8月8日，由财政援助资金支持，武川县人社局联合门头沟区人力资源和社会保障局举办武川县专场招聘会，邀请37家来自北京和内蒙古的企业（含培训机构4家）提供了就业岗位820个，其中北京顺丰速运有限公司等11家北京企业提供就业岗位463个。招聘岗位涉及餐饮服务、市场营销、生产加工、家政安保等多个工种。县人社局提前一周通过网络、电视媒体和宣传车进行社会宣传，广泛组织发放宣传材料，1500多名求职者进场应聘，现场达成就业意向361人，其中建档立卡贫困户11人。

2019年2月27日，正是塞北高原冰封雪冷的季节，武川县"春风行动"暨京蒙劳务协作专场招聘会，在县人力资源和社会保障局一楼大厅隆重举行。招聘会由财政援助资金支持，门头沟区、呼和浩特市人力资源和社会保障局联合主办，武川县人力资源和社会保障局承办，共邀请28家企业，为武川县群众提供就业岗位1000多个，其中北京14家企业提供就业岗位960多个，岗位涉及餐饮服务、市场营销、生产加工、家政安保等行业的多个工种。招聘会当天，有1200多名求职者进场应聘，现场达成就业意向139人，达成培训意向29人。招聘会的成功举办，为农村富余劳动力、城镇失业人员、高校毕业生特别是贫困劳动力开辟了更多可选择的就业岗位，为实现脱贫致富提供了增收渠道。

2018—2019年累计组织京蒙劳务协作招聘会3场，累计向社会提供北京地

区就业岗位招聘信息2000多个，2020年6月将再次联合组织1场京蒙劳务协作大型招聘会，预期提供岗位1000个以上。

全县建档立卡贫困户中，有相当一部分是因为年迈体弱、家庭羁绊等原因不能外出从事生产活动造成生活贫困的。针对这一实际，门头沟区委、政府研究决定，自2018年起，每年无偿捐赠武川县公益性岗位用于劳务协作，彻底解决贫困人口就地就近就业难的问题。据此，2018年捐赠公益岗522个，2019年捐赠公益岗447个，极大地便利了困难群众就近就地就业，2020年因政策调整，安排就业补贴资金112万元，将通过就业补贴形式维持帮扶就业规模。此外，两地人社部门建立了就业平台招聘信息同步发布机制，实现了27名贫困人口在京稳定就业。

深入推进就业培训，两地人社部门联合组织开展各类培训工作，2018—2019年累计完成贫困村创业致富带头人培训4期108人次，开展电商培训8期500人次，开展技能和实用技术培训23期932人次，推动武川县就业扶贫再上新台

门头沟医院对口帮扶武川县医院（武川县扶贫办提供）

阶，受到社会各界和困难群众的广泛好评。2020年，计划再次开展致富带头人培训2期100人次，通过致富带头人的带动作用进一步扩大受益群体。系列培训定位精准、措施具体、针对性强，帮助贫困群众掌握一技之长，增强了他们的自身"造血"功能，提高了武川县建档立卡贫困户的自身发展后劲，促进了贫困人口的再就业。

（四）人才交流，推动扶贫事业提质增效

古人云：授人以鱼，不如授人以渔。脱贫攻坚是一个系统工程，涉及贫困群众生产生活、住房、医疗、教育、就业等方方面面，既需要宏观上的前瞻设计，也需要具体工作上的精雕细刻，哪一方面出现短板，都会影响脱贫总体成效。从这个意义上说，人才，就是"点石成金"的金手指。

初夏时节，万木吐绿，花动京城。2019年5月26日，武川县扶贫干部智力扶贫研修班（第二期）在中国人民大学隆重开班，来自全县各乡镇、县直部分单位负责人、优秀驻村工作队队员、第一书记共60名党员干部参加了培训。培训采取集中授课、现场教学、交流研讨等方式，特邀北京大学、中国人民大学、西安交通大学专家学者，围绕习近平总书记关于扶贫工作重要论述、互联网时代精准扶贫舆论热点与媒体沟通、变"输血式"扶贫为"造血式"扶贫、贫困地区基层党建、城乡一体化与城乡可持续发展等内容做深度讲解，传授先进扶贫理念和成功扶贫经验，巩固了懂扶贫、会帮扶、作风硬的干部队伍素质，为如期打赢脱贫攻坚战提供有力的智力支撑。培训期间，深入北京市楼宇和农村党建示范点、北京国际都市农业科技园、国家博物馆等地进行实地参观，学员们开阔了眼界，转变了观念，提高了思维层次，增强了投身扶贫事业的责任感和使命感。两年来，两地相关部门完成党政干部、驻村干部、村干部培训9期825人次，完成专业技术人才交流活动8次，累计有218人次医务、教育工作者参加培训，将京华最先进的理念和技术播撒在塞上高原。

门头沟区与武川县充分利用京蒙扶贫协作之机，把干部人才交流写入《武川县推进京蒙扶贫协作三年行动实施方案》和《门头沟区人民政府武川县人民政府携手奔小康行动协议书》之中，有序开展干部人才挂职锻炼、培训交流，通过思路互动、管理互通、作风互鉴，不断优化京蒙两地干部人才队伍。2018—2019年，在干部人才交流领域，呼和浩特市及武川县向门头沟区选派党政挂职干部9人、专业技术人才19人，门头沟区选派党政挂职干部3人、专业技术人才16人，联合完成各级干部培训9期825人次，完成人才交流活动8次，累计培训医务、教育工作者218人次；在健康教育扶贫领域，门头沟区医疗专家组在武川县开展专家义诊2期，30多名医务专家累计义诊500多人次，问诊1000多人次。门头沟区教委开展2次"组团式"支教活动，累计50多名教师在武川县6所学校开展了教学交流工作。交流人才在医疗、教育、农牧业、旅游、公共服务等领域，展示出过硬的专业素养，为武川县群众就医、学生教育、农旅发展、基层服务等事业的创新发展贡献了北京智慧。

（五）结对帮扶，东西携手奔小康

6月的武川，阴山披绿，草木竞荣，风柔水漾，一派生机盎然。

2019年6月10日至14日，来自门头沟区第二幼儿园等6所学校的33名一线优秀教师，分赴武川县青山启蒙幼儿园等对口帮扶学校，开展为期一周的"手拉手"教育扶贫协作活动。

这次"组团式"支教活动，是两地组织开展教师培训会、挂职锻炼、教学交流和定向捐赠等系列活动的一部分，旨在更加高效地传递教育理念，采取浸入式带班指导方法，通过开展听课、献课、共同教研等多种形式，实现教学质量在交流中共享、在指导中提升的目的。活动期间，来访教师还代表校方捐赠了部分学习用品，并就教学工作开展进行了交流研讨。通过一周的交流活动，有力地促进了武川县整体教学水平的提升，扎实推动了武川县教育扶贫和教育事业的全面发展。

早在2018年3月，京蒙两地党政领导召开联席会议，签订了《北京市门头沟区人民政府内蒙古武川县人民政府携手奔小康行动协议书》。2018年以来，两地乡镇部门和企事业单位之间已开展互访，两地部门、乡镇实现互访对接67次，参访人员达500多人次，随行企业40多家，签署帮扶协议22份，武川县接受捐款161.6万元、捐物折款130多万元，就农特产品销售、招商引资、人才技术支持和旅游发展等帮扶内容达成广泛共识。两地9个乡镇、6所学校、2座医院、2个村和2个村办企业，保持"一对一"结对帮扶关系，协作工作进一步深化、细化、具体化。健康扶贫、教育扶贫协作持续深化，门头沟区组织医疗专家组在武川县开展2期专家义诊，30多名医术精湛的医务专家，累计为武川群众义诊500多人次，问诊1000多人次。门头沟区教委2次开展赴武川县大规模"组团式"支教活动，累计有50多名教师在县6所学校开展了教学交流工作，两地交流合作日益加深，携手奔小康不断走向深入。

（六）消费扶贫，助力农产品走出阴山

俗话说，酒香不怕巷子深。但在信息时代恰恰相反，受多种因素影响，以马铃薯、莜麦等武川特色农产品，不要说远销到内地，就是在几十公里的阴山南麓呼和浩特市，也很难抢占市场。

为破解这一难题，门头沟区政府围绕贯彻国务院办公厅《关于深入开展消费扶贫助力打赢脱贫攻坚战的指导意见》，协调推进政府机构、国营民营企业和社会组织等各类消费扶贫主体需求，与武川县特色产品供给信息实现精准对接，通过消费扶贫"三大行动"，助力武川县农特产品加速融入北京市场，提升脱贫攻坚成效。

推进社会购买行动。由政府部门牵头，打破各自为战的弊端，建立起责任单位征集报送、牵头单位汇总实施的采购模式。同时，由牵头单位通过竞争

性谈判，引入专业服务公司，通过"订单式"生产，以销促产，实现扶贫农产品上行过程中"生产端"与"销售端"的高效连接，降低了行政成本和物流成本，确保了贫困户收益的最大化。中国建设银行门头沟支行面向社会，积极开展"北京消费扶贫爱心卡持卡人扶贫产品消费优惠活动"，不断扩大消费群体和武川县特色农产品的知名度。2018—2019年，门头沟区完成了武川县152.76万元农特产品的集中采购工作，基本实现了贫困户农产品直采，带动贫困人口172人增收。

实施终端营销行动。协助武川县企业在门头沟区北京京门商业投资发展有限公司鑫源聚鑫批发市场，开设1处（含冷库）武川县农产品批发点，建起5家"塞上武川特品店"，在设计风格和产品种类上实现了整齐划一，优质的农产品和规范的销售服务，逐步在当地建立起良好的口碑，系列实体店日均批发零售额近2万元。联合门头沟区商务局、北京京门商业投资发展有限公司搭建武川县产品进机关、进社区、进超市"三进"供需平台，在农林大厦机关食堂设置了展示专区，在北京京门商业投资发展有限公司系统内甄选超市以及康依家、格林摩尔，免费提供16个社区便利店销售专柜，2019年，系列实体网点累计销售武川县特产76万元。组织企业参加门头沟区"建行+消费扶贫"帮扶行动，办理发放消费扶贫爱心卡约1万张，向"一卡全市通"迈出坚实的一步，为武川县产品走进首都市场创造了便利条件。目前，两地相关部门已基本理顺产品供销渠道，带动武川县20家企业实现产品稳定供货，打通了消费扶贫"最后一公里"。2020年，门头沟区提供专项资金支持武川县扶贫农畜产品交通运输补贴，补贴金额20万元，预计至少带动销售额增长100万元以上。

开展品牌推介行动。引导武川县企业融入北京市场，协助内蒙古燕谷坊生态农业发展（集团）有限公司等10家企业及合作社，入驻北京市消费扶贫产业双创中心内蒙古展厅、消费扶贫双创中心门头沟区分中心暨灵山绿产体验中心，推广销售燕麦米、山林虫草鸡等近20种武川县的特色产品，为武川县的农特产品搭建起长期稳定的展销交易平台。协助武川县的企业参与北京市消费扶贫进社区活动、参加门头沟区国家扶贫日展销、"走进西城"和"2019年北京世界园艺博览会"呼和浩特日展示、门头沟区第六届书市展销、"门头沟区商务局2019年对口帮扶地区特色产品进社区活动",覆盖了门头沟区5个镇街13个社区,武川县品牌的社会知名度稳步提升。积极推动武川县特色产品品牌化建设,组织呼和浩特蒙禾源菌业有限公司等3家企业,参加北京种业扶贫大会推广活动,推进武川乌骨羊门头沟品鉴店筹备工作。提升武川县产品自主推介能力,推广"创业致富带头人+互联网+农产品+贫困户"的扶持模式,开展10期"武川创业致富带头人"电商营销、品牌建设培训活动,为两地企业人员搭建合作平台,以"开发式扶贫"助推武川县特色产业实现跨越式、可持续性发展。2020年,武川县将继续利用援助资金扩大品牌推介影响力,投入50万元组织3场县内重点企业赴北京参加农特产品展销活动,投入55万元开展"源味武川"区域公共品牌建设,通过在京召开品牌发布会、开展自媒体运营、拍摄品牌宣传片、进行区域公共品牌设计等系列工作开展,全力打造"源味武川"区域公共品牌,塑造武川县农畜产品过硬口碑,带动消费扶贫产品销售增长500万元以上。

精准链接的产销一体化,已成为促进武川县农产品供需平衡、优化农业生产结构、增加贫困人口收益的重要途径。

从大兴安岭向西,燕山、阴山、贺兰山、祁连山、天山、阿尔泰山,一列列群山蜿蜒起伏,宛如一条巨龙,横卧在中国北部,构成了一道道天然屏障。自古以来,兵家必争,具有非凡的战略意义。

1938年春,晋察冀军区第一支队政委邓华率三大队进入斋堂川,创建北平第一个抗日根据地——平西抗日根据地,一场轰轰烈烈的抗日救国运动在平西展开,成为插在华北敌后的一把尖刀。1939年10月,萧克将军领导的八路军冀热察挺进军进驻门头沟斋堂镇马栏村,将司令部设在这里,领导了著名的平西抗日斗争。

1938年秋，贺龙、关向英等领导120师派358旅政治委员李井泉和参谋长姚喆，率领715团和第二战区民族革命战争战地总动员委员会、晋察绥边区委员会、战动总会抗日游击第四支队，计2300多人组成大青山支队，从山西五寨出发，冲破敌人重重封锁，挺进绥远敌占区，以莽莽阴山为屏障，拉开了大青山抗日游击战争的序幕。

进入新时代，党中央坚定推动东西协作战略部署，彰显了集中力量办大事的制度优势。在脱贫攻坚奔小康的征途上，门头沟区与武川县两地人民手拉手、心连心，不忘初心使命，传承红色革命精神，续写前无古人的伟大华章！

"无穷的远方，无数的人们，都和我有关。"

伟大的脱贫攻坚战，是新时代在磅礴阴山奏响的恢宏壮阔的史诗，来自东方源源不断的温暖，汇集到塞上高原武川县，渐变成4个金色大字——人民至上！

人物访谈篇

第22篇

决胜阴山

——专访武川县扶贫办张国星主任

"到2020年现行标准下的农村贫困人口全部脱贫,是党中央向全国人民作出的郑重承诺,必须如期实现,没有任何退路和弹性。"2020年3月6日,习近平总书记在决战决胜脱贫攻坚座谈会上发表重要讲话,吹响了向绝对贫困发起最后总攻的冲锋号。为了全景式展现武川县委、政府贯彻习近平总书记脱贫攻坚治国方略、带领人民群众在贫困中成功"突围"的伟大生动实践,2020年4月18日,在武川县正式退出国贫县一周年之际,笔者对扶贫办张国星主任进行了专访。

笔　者: 张主任,您好。县扶贫办人员少、任务重,可以说,是全县扶贫工作承上启下的枢纽,请您谈谈扶贫办在全县脱贫攻坚中主要承担和履行了哪些具体职责?

张国星: 武川县扶贫开发办公室是武川县政府组成的工作部门,是主管全县扶贫开发和精准扶贫、精准脱贫的职能部门,主要职能有14项:1.贯彻执行党中央、国务院和自治区、呼和浩特市扶贫方针、政策,会同有关部门研究拟定全县扶贫开发中长期发展规划和年度工作计划,参与农村发展有关重大事项;2.负责县扶贫开发领导小组日常事务,贯彻执行领导小组和县委、县政府决策部署，监督检查扶贫工作落实情况；3.会同乡镇和有关部门研究拟定全县精准扶贫、精准脱贫规划和年度实施计划，按照"四个切实""五个一批""六个精准"要求开展精准扶贫各项工作；4.贯彻执行国家扶贫项目和资金管理政策法规，负责监督检查扶贫项目落实和资金分配使用事宜，确保资金安全高效运转和贫困人口受益，协调解决脱贫攻坚过程中的重大问题；5.会同有关部门组织开展专项扶贫、行业扶贫、社会扶贫工作，协调解决扶贫工作中存在的重大事项和问题；6.负责贫困人口建档立卡和动态管理，开展贫困监测，统计上报并发布贫困人口各类信息，为县委、县政府决策和扶贫提供决策依据；7.负责组织、协调和指导县革命老区开发建设工作，推动革命老区各项事业建设；8.负责统筹协调产业扶贫、金融扶贫、教育扶贫、生态扶贫、健康扶贫、社保兜底扶贫、旅游扶贫、电商扶贫、光伏扶贫等各项政策措施的执行；9.引导和扶持扶贫龙头企业发展，协调和指导龙头企业参与扶贫开发，带动贫困地区产业发展；10.负责扶贫政策宣传和业务指导，开展各类扶贫培训和学习交流；11.协调联络社会各界投入扶贫工作，拓展民间扶贫筹资渠道，吸纳社会各界开展捐赠救助，协调管理扶贫捐赠资金和物资；12.协调指导部门帮扶和驻村帮扶工作；联络承接中央国家机关定点帮扶、京蒙帮扶工作，开展与定点帮扶企业的交流合作；13.负责贫困人口动态监测；14.负责县委、县政府和县扶贫开发领导小组交办的其他事宜。

笔　　者：武川县地处阴山北麓，自然条件比较恶劣，是自治区首府呼和浩特市唯一的国贫县。请张主任谈谈武川县实施脱贫攻坚以来的基本情况和当前基本态势有哪些？

张国星：武川县位于内蒙古自治区中部的阴山北麓，县城距首府呼和浩特市33公里。全县总面积4885平方公里，现辖3个镇、6个乡、93个行政村、10个社区居委会，总人口17.6万。武川县地形地貌为南高北低、南山北丘，其中山区占47%，丘陵滩川占53%，海拔介于1500～2000米，年平均气温2.5℃，降水量300毫米左右，无霜期为110天左右。县域经济以农牧业为主，现有耕地面积231万亩，天然草牧场373万亩，林地面积170万亩。武川县是首府唯一的国家级扶贫开发重点县。

2012年，武川县被列为新一轮国家级扶贫开发重点县；2014年，全县有贫困村53个，其中自治区级33个，市级20个，当时建档立卡贫困人口6064户13050人。经过6年多的全力攻坚、精准帮扶，截至目前，建档立卡贫困人口全部脱贫，贫困发生率由2014年的8.9%下降到现在的零。53个贫困村经评估验收全部达标、出列。2018年12月11日至17日，成功接受了自治区第三方评估验收。2019年4月18日，自治区公示宣布我县正式退出国贫县。同年7月12日至16日，顺利通过了2019年国务院贫困县退出第三方评估抽查，实现了"零错退、零漏评"。

张国星主任（中）给贫困户讲解脱贫政策（武川县扶贫办提供）

当前，按照习近平总书记"四个不摘"要求，我县正围绕巩固提升工作和乡村振兴规划，重点开展中央专项巡视"回头看"、国家成效考核反馈问题整改，"完善清零达标"行动，出台减贫保和巩固提升各项政策措施，确保脱贫后贫困人口稳定增收巩固提升和农村发展，到2020年末稳步达到小康水平。

笔　者：张主任，您从2013年底任扶贫办主任至今，亲历了武川县从列为国贫县到2019年4月18日正式退出的全过程。请您谈谈全县脱贫攻坚经历了哪几个重要阶段？

张国星：从整个扶贫进程来看，大体上可划分为3个阶段。2010—2013年为第一个工作阶段，主要是制定扶贫规划，落实重点项目，完善基础设施，实施整村推进，为脱贫攻坚全面展开奠定了基础，积累了经验。2014—2019年为第二个工作阶段，部署全县"三区划分"脱贫产业发展格局，主要实施贫困群众精准识别、精准帮扶、精准退出，开展大规模人力物力财力帮扶，是决战决胜脱贫攻坚任务最关键、最重要的阶段，全县上下勠力同心，一举摘掉了国贫县的帽子。2019年4月18日，全县正式退出国贫县至今为第三阶段，目前，享受扶贫政策的还有4128户7809人，边缘户22户47人，需要继续关注，继续落实习近平总书记"四个不摘"要求。习近平总书记在3月6日决战决胜脱贫攻坚座谈会上的重要讲话，为当前和今后一个时期脱贫攻坚工作指明了方向和遵循。困难群众脱贫不是最终目标，而是新生活的开始。受武川县域地理气候等多方因素影响，我们在防止脱贫人口返贫、促进群众持续增收、建立防致贫返贫稳定长效机制、推动脱贫攻坚与乡村振兴深度融合等方面，还有大量的工作要做，还有很长的路要走。

笔　者：请您简要介绍一下第一阶段扶贫主要做了哪些工作？

张国星：这期间，主要是按照《中国农村扶贫开发纲要（2011—2020）》《内蒙古自治区农村扶贫开发纲要（2011—2020）》《呼和浩特市"十二五"及新十年扶贫开发规划》文件精神和县委、县政府关于我县扶贫开发工作的具体要求,经过大量调研、论证,因地制宜地编制完成了《武川县2011—2020年扶贫开发规划》,组织人员编制了《武川县2013—2017年扶贫开发规划》,明确了目标任务、基本原则、工作措施及部门职责,为今后扶贫开发工作目标的实现奠定了基础。

完成的具体工作:2010年,落实了上秃亥乡桃力盖村、西乌兰不浪镇乌兰不浪村、哈乐镇大沙岱村、哈拉哈少乡公忽洞村、得胜沟乡黑沙兔村扶贫开发"整村推进"项目村5个,总投资537.2万元;争取产业化扶贫重点项目资金250万元,积极争取我县扶贫龙头企业贷款贴息项目2个,协调社会扶贫资金344万元,京蒙对口帮扶资金50万元。2011年,全年共争取到扶贫资金1468.4万元,其中国家级、自治区级、市级财政扶贫资金675万元,社会帮扶资金793.4万元,较好地完成了两项制度的衔接工作。2012年,共争取到各类扶贫资金1.7089亿元,其中财政扶贫资金1.4689亿元,社会帮扶资金2400万元。扶贫资金主要用于整村推进、产业化扶贫、扶贫移民等重点项目。2013年,落实财政扶贫资金5560万元,其中连片开发项目1个,落实项目资金1000万元;整村推进项目6个,落实项目资金2700万元(自治区级900万元,市级1800万元);产业化扶贫项目4个,落实项目资金200万元;扶贫互助资金项目2个,落实项目资金40万元;市本级补贴项目4个,落实资金70万元;积极争取到国家彩票公益金项目1个,落实项目资金1500万元;京蒙对口帮扶资金50万元,超额完成目标考核责任状1060万元。总的看,推进的力度逐年加大,为脱贫攻坚后续工作的开展奠定了基础。

笔　　者：请张主任详细介绍一下第二阶段脱贫攻坚的具体情况。面对头绪多、任务重、压力大的脱贫攻坚任务,县委、县政府采取了哪些有力举措?

张国星：这一阶段是武川县脱贫摘帽的最关键时期,也是攻坚克难和决战决胜时期,我们在党中央、自治区党委和市委的坚强领导下,县委、县政府协调各方力量,举全县之力,一举完成脱贫攻坚任务。具体地讲,主要采取了六大措施。

一是进行精准识别。按照自治区、市两级扶贫办要求，2014年针对53个项目村实际，编制完成了《武川县2014—2017年扶贫攻坚"五到村、五到户"项目规划》《武川县扶贫攻坚"五到村、五到户"工作实施方案》，将扶贫对象、方式、投入、帮扶责任人具体化，对每个贫困村、贫困户建档立卡。我们采取"三退五进七优先"的工作方法，精准识别出全县贫困户6064户、贫困人口13050人，完成了对贫困村、贫困户逐村逐户登记造册，并录入国家扶贫开发信息系统，实现微机化管理，为实现精准扶贫奠定基础。

二是构建扶贫格局。为了统筹推进全县脱贫攻坚工作，我们从全县角度对"三农"问题和群众生产发展进行了空间布局，根据县域自然条件、产业基础、人口分布等诸多因素的差异性，对县域进行了三区划分：中东部地区水利条件较好，留村人口较多，划定为现代生态农牧业发展区；南部山区生态环境较好，旅游资源丰富，划定为生态文化旅游发展区；西部地区风蚀沙化严重，生态脆弱，划定为生态修复区。可以说，全县三区格局的划分，从宏观上进行了发展定位，为下一步精准施策提供了依据和"靶向"。

三是推动产业发展。我们的扶贫项目基本覆盖了全县53个（其中区级项目33个、市级项目20个）贫困重点村，重点围绕"四条产业链"，即以马铃薯为主的设施农业产业化发展链，以肉羊、肉牛为主的生态畜牧业产业化发展链，以食用菌、燕麦、荞麦为主的多种保健食品产业链，以黄芪、黄芩为主的中药材产业链，通过自营式（扶持贫困户自主个体经营）、参与式（扶持贫困户参与村民合作组织）、就业式（扶持贫困人口到企业打工）、租赁式（扶持贫困户出租个人资产资源）、投入式（以扶贫资金为资本入股产业收益）等模式，建设贫困人口参与度高的特色种养业基地，通过贫困人口与产业的利益连接，实现脱贫目标。食用菌、燕麦、荞麦产业覆盖贫困户763户1592人，人均年增收1500多元；马铃薯产业覆盖贫困户2112户5681人，年人均增收1500元；肉牛养殖覆盖贫困户169户352人，人均年增收1200元；中药材产业覆盖贫困户99户258人，人均年增收600元。同时，通过发展其他种养业、"农家乐"旅游、农村商贸服务等产业，不断增强贫困人口持续增收能力。截至目前，全县通过发展产业覆盖建档立卡贫困户3143户7883人。我们还总结和推广了"五个一批1+N""菜单式、托管式""专项资金入股保底分红"等模式，以及自建直补、先建后补、先买后补等项目经营方式，发挥了产业在脱贫攻坚中的重要作用。

四是落实金融扶贫。2015年，武川县金融扶贫共计发放10965万元，覆盖贷款户数4197户，其中建档立卡户580户贷款1556万元。2016年，金融扶贫共计发放12280万元，覆盖贷款户数3863户，其中建档立卡户463户贷款1787万元。2017年，金融扶贫共计发放13497万元，覆盖贷款户数3665户，其中建档立卡户510户贷款2042万元。2018年，武川县金融扶贫共计发放16477万元，覆盖贷款户数3342户，其中建档立卡户677户贷款3043万元。扶贫贷款的及时有效发放，为贫困群众发展生产、拓展增收渠道，提供了强有力的资金支持。

五是实施生态扶贫易地搬迁。我们把生态修复区以及南部山区中部生产生活条件差、交通不便的地区列为重点整村搬迁区域，这一地区的贫困人口重点采取易地扶贫搬迁方式推进扶贫，从根本上解决了"一方水土养活不了一方人"的问题。从试点推进易地移民搬迁，得到贫困群众非常认可并积极响应。2016年，一年就搬迁185个自然村24246人，占全县农村总数的20%；2017年，继续搬迁6个自然村747人；2018年，我们接力搬迁81个自然村10909人。实践证明，易地搬迁是实现贫困群众跨越式发展的根本途径和有力保证，我们结合产业扶贫等多项措施，确保搬出去的农民"稳得住、有收入、能致富"，解决移民群众的后顾之忧。

六是干部下沉包扶。县政府制定了《武川县2014—2017年社会扶贫工作实施方案》，11名市级领导、42个帮扶单位和53名处级领导以及县148个包扶单位已与全县93个行政村完成对接。从2014年开始，县委组织部抽调53名优秀干部，对全县53个扶贫项目村分别选派1名驻村干部。2016年，按照市社会扶贫工作统一部署，进行了调整，1名自治区级领导、9名市级领导、35名县级领导、43个市级包扶单位帮扶全县53个贫困村；县委组织部抽调95名优秀干部选派到全县93个行政村担任第一书记。与此同时，对建档立卡贫困人口实施"一对一"包扶，对全县现有5567名建档立卡贫困人口进行"一对一"的干部包扶（其中武川县干部2900名，市直单位干部2667人）。2018年，由36名县级领导联系9个乡镇，包抓93个行政村；101个单位包扶93个行政村、53个重点贫困村；2420名干部职工结对帮扶17567户39134名常住农户（其中贫困人口4493户8924人）。成立驻村工作队91支，委派工作队队员275名。2019年初充实驻村力量，驻村干部调整为320人。这些驻村干部，主要职责是宣传各级各项扶贫

张国星主任（左二）看望贫困群众（武川县扶贫办提供）

方针政策；深入贫困户了解实情，找准致贫原因，因户施策；帮助贫困户解决项目实施过程中的困难和问题；联系专业技术人员深入贫困村、贫困户，到田间地头开展技术指导和帮扶；对贫困户进行"志智"双扶。几年来，驻村工作队在推动产业发展和乡村治理等方面，发挥了重要作用。

笔　　者：您认为第二阶段脱贫攻坚与第一阶段相比，县委、县政府从思路到具体措施的实施上，有哪些不同？

张国星：总的感觉，第二阶段更加注重"精准"二字，牢记"实"这个核心，把握好"度"这个要求，真正把中央精准扶贫、精准脱贫方略落到实处，主要体现在以下10个方面。

一是扶贫对象更加精准。突出精准主题，下足"绣花"功夫，在目标标准上更加精准，紧紧围绕"两个确保"的脱贫目标，牢牢把握"两不愁、三保障"，既不降低标准也不吊高胃口，确保现行标准下的脱贫质量。在贫困人口动态调整过程中，进行全覆盖、地毯式、无遗漏的摸底核查，严格执行贫困识别程序。目前，系统中在册贫困人口共计6538户13009人，其中享受政策的4128户7809人。加强数据共享和数据分析，真正做到贫困户有进有出、动态管理。在帮扶举措上更加精准，按照"缺什么补什么"原则，坚持以户为单元，紧扣基本情况、致贫原因、脱贫措施、帮扶举措等方面，进一步完善"一户一策"精准脱贫计划，确保做到因村因户因人施策。

二是目标任务更加明晰化。以"两不愁、三保障"为底线，锁定"不愁吃不愁穿"目标，开发更多的护林员、防火员等公益性岗位，优先安排贫困群众就业，从贫困户当中聘用护林员101人、防火员188人，同时安排公益性岗位416人，京蒙帮扶安排公益性岗位447人。锁定教育有保障的目标，2017年，对557名建档立卡贫困家庭学生发放救助金337.1万元；2018年，为396名建档立卡贫困家庭学生发放救助金225.67万元，筹集500万元设立贫困学生救助基金，加大对贫困学生的救助力度。锁定基本医疗有保障目标，全县因病因残致贫占比达42.97%，且以孤老残障者居多，我们抓住健康扶贫这个关键，坚持"靶向"治疗，实行"分类救治"。大病集中救治一批，将县医院确定为县级定点医疗机构，对可一次性治愈的，制定诊疗方案，进行集中救治，救治率100%；慢性病签约服务管理一批，对患有慢性疾病的，实行家庭医生签约服务和健康服务管理，并对高血压、糖尿病患者开展送医送药活动，签约服务率100%；重病兜底保障一批，对累计自付费用超过3000元的贫困人口患者，超出部分由健康扶贫基金给予兜底，已对45名贫困人口实施了政府救助政策，救助资金14.6万元。同时，筹资1000万元设立了武川县健康扶贫救助专项基金，使贫困人口医疗费用报销比例达到90%，个人只承担10%的费用。推行大病保险、医疗救助、商业健康保险等制度衔接。2017年，为11076名建档立卡贫困人口每人投保120元，保额7.5万元；2018年，对享受政策的8924名建档立卡贫困人口每人投保500元，保额增加到25万元；2019年，对享受政策的7907名建档立卡贫困人口每人投保500元，保额增加到25万元。通过商业保险助推脱贫，基本形成了"门诊+住院"的全程保障模式和"基本医疗保险+大病医疗保险+商业保险+民政救助+政府兜底"的五重保障模式。锁定住房饮水有保障目标，突出安全住房这个基础，鉴定农村住房16798户，2018—2019年实施危房改造3979户。其中四类重点对象新建808户，维修3171户。累计实施农村饮水安全巩固提升工程370处，覆盖9个乡镇62383人。2018年，在全县9个乡镇216个自然村实施饮水安全巩固提升工程，覆盖贫困户1314户2743人。2019年，制定了安全饮水巩固提升实施方案，实施饮水巩固提升工程，确保了全县农村及贫困户饮水安全全部达标。

三是项目监督更加公开。认真落实项目管理办法和资金使用办法，引入激励奖罚机制，规范项目建设管理及资金使用等，所有实施的财政扶贫项目全部从项目库中抽取，所有实施的扶贫项目与贫困人口相衔接。同时做好项目实施全程档案记载工作，从选项目、定方案、项目实施、资金使用、项目成效、检查验收、利益分配等内容全部公告公示，阳光操作。

四是经营模式更加多样。坚持把产业扶贫作为脱贫攻坚的主要途径和长久之策，紧扣"四条产业发展链"，通过自营式、参与式、就业式、租赁式、投入式等模式，完善项目村利益联结机制，覆盖建档立卡贫困户3143户7883人。其中，马铃薯产业覆盖2112户5681人；肉羊产业覆盖169户352人；食用菌、燕麦、荞麦产业覆盖763户1592人；中药材产业覆盖99户258人。大力推广"党组织+合作社+贫困户"的产业项目股权合作经营模式，以法律程序固定下来。组织和引导贫困户利用资金、土地等资源资产入股各类经营主体，累计为贫困户分红1116万元，实现了"资源变资产、资金变股金、农民变股民"。

五是帮扶主体更加广泛。充分发挥社会帮扶作用，通过通用技术集团医疗健康有限公司定点扶贫助推脱贫。2014年以来，通用技术集团医疗健康有限公司已累计投入资金2000多万元，救助贫困学生3468人。2016年投入资金220万元，2017年投入475万元（其中特殊党费125万元），2018年投入资金1000万元，2019年投入810万元。同时，在得胜沟乡投资设立了内蒙古通用中药有限公司，并正式运营，试种了2100亩高品质中药材，支持武川县中药材产业发展，落实产业扶贫助力脱贫攻坚。通过京蒙帮扶助推脱贫，协助开展高层对接2次，签订了2019年行动协议，协助开展部门对接3次、京蒙专场招聘会1场、医务人才培训1次。2018年，实施了11个京蒙协作项目，资金量2024万元。2019年，实施了16个京蒙协作项目，资金量1502万元。协助门头沟区落实7个帮扶项目，资金量273.68万元。通过"百企联百村"助推脱贫，78家包联企业参与帮扶我县71个村，对接落实项目56个全部完成，共投入资金247.447万元，其中农田水利设施4个、村容村貌治理1个、交通道路3个、其他类项目20个。参与我县脱贫攻坚的部队共有8支，帮扶5个乡镇（可可以力更镇、西乌兰不浪镇、大青山乡、二份子乡、哈乐镇），军地全部对接，陆续开展。通过光伏产业助推脱贫，建设华能武川县10MWp光伏扶贫项目，覆盖全县建档立卡无劳动能力贫困户379户,每年每户通过光伏扶贫工程获得稳定收入3000元,受益20年(贫困户实行动态调整)。

六是帮扶措施更加具体。对因病、年老体弱、残疾等自理能力较差的贫困户,采取低保、医疗、危房改造、生活救助等方式,实行保障型救助帮扶。对有劳动能力的贫困户,帮助其发展生产、技能培训、就业服务等方式,实行发展型帮扶。对少数居住条件差、基础设施落后的贫困户,发展专业合作组织,构建产业链条,实行带动型引导帮扶。对无激情干事创业、自暴自弃的贫困户,帮助其鼓勇气、送信息、找工作等方式,实行扶志型激励帮扶,激发内生动力。通过发展生产脱贫28.21%,教育扶持脱贫7.11%,生态补偿脱贫2.58%,社会兜底脱贫62.21%。2019年第一季度,县内各家银行共发放"小额扶贫贷款"292户1330.8万元。财政扶贫风险补偿金共注入5家银行共计5850万元。

七是干部帮扶工作更加扎实。为使脱贫攻坚更加精准化,进一步激发群众内生动力,全面推进"县级干部包乡镇、乡镇班子成员包片、县直部门包村、驻村工作队包户、机关干部包人"的"五包"责任制,构建分工明确、责任清晰、任务到人、各司其职、协调联动的"一对一"帮扶体系,切实做到人人肩上扛责任,个个身上有担子。36名县级领导联系9个乡镇,包抓93个行政村;101个单位包扶93个行政村、53个重点贫困村;2420名干部职工结对帮扶17567户39134名常住农户(其中贫困人口4493户8924人)。成立驻村工作队91支,委派工作队员320名。实行全县各机关事业单位3.5天包村开展联系帮扶活动,帮助乡镇、村委会完善档案资料,宣传扶贫政策,解决具体问题,增强帮扶实效。

八是基础设施与公共服务能力更加完善。近年来,我们狠抓农村基础设施建设,本着"缺什么补什么"的原则,不断提升公共服务能力。农村街巷硬化630千米;农网改造低标准用户升级24144户,安装广播电视户户通4215户,地面数字覆盖站4处,广播村村响93个;建设标准化卫生室93所,文化室93所;便民连锁超市112个,配送中心2处;农村养老保险、高龄补贴做到应保尽保;

并对321个村的人居环境进行了综合整治。贫困村集体经济通过入股分红、村企共建、资产收益等多种方式逐步壮大，收入均达到3万元以上。农村基础设施和公共服务能力不断夯实，为如期实现脱贫摘帽目标奠定了坚实的基础。

九是工作作风更加顽强。以问题导向倒逼作风建设，针对2017年以来国家扶贫成效考核，自治区党委、市委指出的具体问题以及自查发现的各方面问题，主动认领，制定整改方案，细化整改措施，明确责任单位，建立整改台账，实行销号管理，确保问题整改不留空白、不留死角、不留盲区。例如，为了迎接自治区脱贫攻坚专项督查，我们于2018年8月21日至30日，对全县9个乡镇18个行政村进行自查自验。并于8月31日，召开全县打赢精准脱贫攻坚战乡镇党委书记述职交流会，好的讲经验、差的做检讨。同时，包乡县领导向县委做出书面检查，进一步营造起比学赶帮打赢精准脱贫攻坚战的浓厚氛围。

十是考核监督更加严格。不断强化脱贫攻坚工作的监督考核，将纪律挺在前面。2018年以来，县纪委监察委共受理扶贫领域作风和腐败问题线索45件，立案4件，结案3件，给予党政纪处分3人，组织处理19人。通报曝光2批3起，涉案人员5人。抽调县纪委、县委组织部、县扶贫办工作人员成立9个巡回督查组，定期不定期对乡镇、部门脱贫攻坚工作开展情况进行督查，对发现的问题限期整改，限期内整改不到位的严肃问责，做到了真查真改，很好地净化了扶贫领域的政治生态。

笔　　者： 张主任，您经历了武川县脱贫摘帽的全过程，感觉脱贫攻坚中最大的经验和启示是什么？最困难的是什么？

张国星： 如果说有经验启示，那就是各级党组织的坚强领导，从党中央到自治区党委、市委和县委，运筹帷幄，思路明确，举措有力，这是完成脱贫攻坚目标任务的核心所在。特别是我们县委、县政府的主要领导，亲临一线，靠前指挥，敢于担当，勇闯新路，在脱贫攻坚战中，既是指挥员，又是战斗员，率先垂范，冲锋在前，在全县上下发挥了重要的表率作用。

至于脱贫攻坚中的困难，最大的还是产业项目的选择难、发展难，武川县地处阴山北麓，位置偏远，自然条件差，产业发展面临诸多困难，而产业带贫又是脱贫攻坚的重头戏，这方面是我们下功夫最多、花费精力最大的。虽然目前落实得比较好，但要抓好产业后续发展，还要下很大的功夫。其次，就是贫困群众个体产业发展难，全县14.6万农业人口中，有11.6万有劳动能力的人口已经进城，留在村里的3万人口，基本上都是老弱病残，年龄在57岁以上，就算是有劳动能力的，只能自己动手搞点种养殖业。而无劳动能力的留守人口占70%。绝大部分困难群众文化程度不高，思想保守，又无技术，政府贴息贷款，也很难单独发展产业。最后，就是政策学习领会难，主要还是文化和年龄的原因，我们想了很多办法，但困难群众还是对政策法规领会不多。我想，我们还是靠做，让群众从我们实实在在的行动中，体会和感受党的关怀和温暖。

笔　者：张主任，武川县今年有已脱贫享受政策的4128户7809名贫困人口，22户47名边缘户，1户4人脱贫监测户，已经脱贫的防止返贫，还要防止边缘人口致贫，县委、县政府将采取哪些措施确保年底前如期实现脱贫攻坚目标任务？

张国星：为贯彻落实自治区、市扶贫开发领导小组决策部署，切实打赢打好脱贫攻坚战，进一步巩固和提升脱贫攻坚成果，实现高质量脱贫，县委、县政府制定了《武川县2020年决战脱贫攻坚实现高质量脱贫实施方案》，主要围绕"三落实、三精准、三保障"等重要方面和重点工作，紧扣"两不愁、三保障"标准，对全县扶贫开发信息系统中已脱贫享受政策的建档立卡贫困户开展彻底排查，按照"全覆盖、督死角、查问题、抓整改"要求开展了大排查、大摸底、大整改，查漏补缺，切实提高脱贫攻坚质量，巩固和提升脱贫成果，建立健全创新工作机制和防返贫致贫长效机制，推动全县脱贫攻坚工作高质量完成。

笔　者：习近平总书记在3月6日决战决胜脱贫攻坚座谈会上做出了一系列重要指示，"脱贫摘帽不是终点，而是新生活、新奋斗的起点""对退出贫困县、贫困村、贫困人口，要保持现有帮扶政策总体稳定，扶上马送一程""要针对主要矛盾的变化,理清工作思路,推动减贫战略和工作体系平稳转型,统筹纳入乡村振兴战略,建立长短结合、标本兼治的体制机制"等。对此,武川县有哪些具体的举措?

张国星: 习近平总书记关于脱贫攻坚的系列重要讲话和重要指示,是我们高质量完成全县脱贫攻坚目标任务的行动指南。为了防止脱贫群众返贫,县委、县政府采取了多种办法。比如,前面提到的通过商业保险助推脱贫,基本形成了"门诊+住院"的全程保障模式和"基本医疗保险+大病医疗保险+商业保险+民政救助+政府兜底"的五重保障模式,在此基础上,2020年我们还要研究出台脱贫群众治疗关节炎、哮喘等慢性病的政策;住房问题已经全部解决,在教育扶贫上,县里目前的政策高于国家的标准,全县没有一名孩子因贫辍学;在产业发展上,我们摸索出了"飞地经济"模式,将偏远山里的产业放到条件适宜的县城或乡镇去发展,收益归群众,做法得到国务院督查组的认可;针对各行政村干部文化程度不高、年龄偏大的实际,我们从贫困家庭中选拔了93名大学生充实到村委会,打造了一支"不走的驻村工作队"等。

2020年,为认真贯彻落实市委、市政府关于开展脱贫攻坚示范村创建工作要求,我们培育精准扶贫、精准脱贫新典型,建设一批脱贫攻坚示范乡镇村,围绕"学有榜样、比有参照、赶有目标"的要求,按照"村有亮点、乡镇有典型、整体有特色"的思路,6月底前全县9个乡镇,每个乡镇至少完成1~2个行政村脱贫攻坚示范村创建工作。示范村要确保"两不愁、三保障"100%解决,"十项清零达标"100%完成,问题整改100%完成,公共基础设施补短板100%完成,可持续产业覆盖达到100%,扶贫政策宣传实现100%覆盖,农村人居环境整治达到100%覆盖,扶贫到户措施达到100%,"示范"可复制可推广率达到100%,最终实现"底数清、政策清、目标清、责任清"100%。同时将"典型示范、创新驱动"目标细化量化为16项目标62项具体任务,每项目标均由1名县处级领导牵头负责,每项具体要求均落实到1个牵头部门负责,若干责任部门协同推进。通过典型引领、示范带动,加快推进脱贫攻坚成果稳定、巩固提升工作,举全县之力建立健全城乡融合发展体制机制和政策体系,推动农业全面升级、农村全面进步、农民全面发展,推进武川县、乡、村全面振兴。

后　记

风过阴山

阴山，是横卧在中国北方的一条巨龙。

风从北方草原长驱直入，到达东西绵延1200多公里的阴山屏障后，如惊涛拍岸，雷霆万钧，发出气势如虹的怒吼声。

写《阴山突围》一书，纯属偶然。

2019年9月，秋风漫卷，五谷飘香，阴山红遍。全党第二批"不忘初心、牢记使命"主题教育拉开大幕，我从市委政研室抽调到主题教育办公室简报组任组长，入住呼和浩特市世和酒店，开始了长达3个多月紧张忙碌的工作之中。

一天晚上，窗外秋雨下得正浓。我和组里的同志们在酒店办公室加班时，接到武川县扶贫办张国星主任电话，他看了我的《第一书记驻村日记》一书后受到启发，想给这场史无前例的脱贫攻坚战写一点东西。对脱贫攻坚，我并不陌生，从部队转业后当年就派驻到和林格尔县盛乐镇新营子村任第一书记，两年多时间里，大部分时间都在做这项工作。只是担心笔力有限，写不出令人满意的作品。

张国星主任是地道的武川人，有着"大后山"人豪爽又倔强的性格。他身材魁梧，说话办事干净利落，颇有北魏武士遗风。用他自己的话说，不太会官场处事的圆通，喜欢直来直去，也因为这个性格，工作上"得罪"了不少人。

但他深知脱贫攻坚战的分量，一个国贫县想摘帽，想当老好人是干不成事的！扶贫办主任官职虽不大，却是县里扶贫工作承上启下的重要纽带。从2014年元旦任职至今7个年头，尝尽了脱贫攻坚过程的苦辣酸甜。1964年出生的他，是目前全自治区所有旗县扶贫办主任中年龄最大的，也是脱贫攻坚旗县中唯一没有被中途换过将的。尽管如此，令他高兴的是，经手的7个多亿扶贫专项资金，始终阳光操作，经国务院督导组、自治区级和市级审计，顺利通过。如今国贫县的"帽子"终于摘掉了，可以稍稍松口气了。

全党第二批主题教育结束后就是春节了，忙碌了一年没有回家，便收拾行囊驱车900公里回翁牛特旗老家看望父母。尚未确定归期时，新冠肺炎疫情暴发，我度过了一个"禁足"的春节长假。返回后，按照全市疫情防控要求，自我居家隔离14天。隔离期满后，单位还没有正式上班，全体党员干部下沉到一线进行疫情防控。按照属地报到要求，我到居住地赛罕区小台什社区党支部，参与了一个多月的疫情防控工作。

写一本这样的书，并不轻松。动笔之后，我便推掉了应酬，把工作之余的所有闲暇时间，都投入到关注武川县的脱贫攻坚进程上。无数个闪烁星辉的夜晚和微曦晨光的黎明，以及所有的节假日，都用来查阅相关资料，进行前期思考，搭建作品框架，用笔再现武川县的脱贫历程。同时，开始一次次驱车穿越阴山，迎着塞上的大野长风，深入武川县各地村镇，找寻脱贫攻坚战所走过的足迹……

春节后漫长的闭门禁足时间，为我提供了大量的时间。新冠肺炎疫情发展蔓延很快，尤以武汉市最重，电视、报纸、微信里的疫情信息铺天盖地。我在想，自有人类以来，病毒就如影随形，人类千年成长的历史，也是战胜各种疫情的悲壮历史，无论怎样，文明进步的脚步不会停歇。与其惶恐度日，不如淡定学习。为此，每日除了到小区门口参与防控检查外，全部时间用来整理资料，创作《阴山突围》，还抽空读完了美国作家玛格丽特·米切尔的长篇小说

《飘》。时间就像海绵里的水，点点滴滴汇集到文字里。当然，水平决定质量，书有自己的生命，会由读者去品评。

在书稿快完成时，我随机找了一个周末，对张国星主任进行了一次专访，形成本书最后一篇——《决胜阴山》。令人惊奇的是，我与张主任访谈的那天是2020年4月18日，正是自治区公示宣布武川县退出国贫县一周年纪念日。

"阴山突围"这个概念由来已久。

单位的扶贫点是武川县二份子乡黑浪壕村，我们曾多次前往扶贫慰问。巨大的阴山将南麓的首府呼和浩特市和北麓的武川县隔离开来，从呼和浩特市出发，一过坝口子便进入阴山的崇山峻岭之中，一路盘旋而上，直达峰顶。晨曦中，回首阴山脚下的青城，高楼大厦闪烁着金色光芒，浓重的雾霭之中，无数的车流和人流穿梭般奔忙，编织着各自人生和事业的辉煌与梦想。而阴山北麓一直徘徊在温饱线的武川县，显得因囊中羞涩而与城市的繁华与喧嚣格格不入，如同难以登堂入室与芝兰为友的野山花一样。事实上，阴山不是有形的篱笆，贫穷才是真正的绳索，如一张无形的大网，禁锢住了"大后山"人有关财富的丰富想象力。

山南是肥沃的土默川平原，五光十色的都市；山北是被风沙席卷一空的贫瘠土地，还有扣在头上的"国贫县"帽子。古老阴山不是屏障胜似屏障，17万人民群众的生活质量上不去，便无法融入物质和精神高速发展的新时代。在这场举国开展的脱贫攻坚战中，武川人需要乘势而上，打一场改变落后面貌的翻身仗！

于是，一个念头在我的头脑中愈来愈清晰——"阴山突围"。

感谢武川县扶贫办乔治荣副主任，为我提供了大量的扶贫资料，并细心校正书稿中脱贫攻坚的相关数据。乔治荣是县扶贫办的老同志，在这里工作了十几年，是扶贫战线的一位老兵，更是扶贫领域的专家，熟知政策，了解基层，大家亲切地送他绰号"乔大拿"。我知道，这个绰号没有贬义，是直白的北方人送给某一领域精通人士的褒奖，是指权威。县扶贫办安小伟副主任，是北京门头沟区来武川县的挂职干部，专门负责对接京蒙帮扶有关事宜，工作忙碌之余，细心为我核对书稿中京蒙协作的有关数据。

县扶贫办办公室副主任刘鹏超是一名退伍军人，曾在边城满洲里阿日哈沙特边防检查站服役。小伙子十分精明强干，2015年至2018年5月在二份子乡任驻村第一书记和扶贫工作队队长，结束后在扶贫办工作。他凭着出色的业绩，很快便出任扶贫办办公室副主任，也是第一个给我提供全县扶贫文字资料和照片的人。工作之余，我便细细参阅了武川县扶贫开发领导小组办公室编印的《武川县脱贫攻坚典型事迹媒体宣传报道资料汇编》《武川县脱贫攻坚激发贫困人口内生动力"志智双扶"工作文件资料汇编》和武川县委宣传部编印的《2016年"活力武川"微信公众平台宣传报道扶贫工作》《武川县关于开展扶贫工作宣讲和典型选树文件汇编》《2018年"活力武川"微信公众平台宣传报道扶贫工作》《2018年9月至2019年6月新华网"神奇武川"客户端宣传报道扶贫工作》等十几册资料汇编，我的眼前展现了武川县人民向贫困宣战、决胜阴山的动人画卷，让我虽未参战却身临其境，感受到发生在阴山北麓这场"大会战"的恢宏壮阔景象。

县委办副主任、接待办主任宋剑桥，是我于2019年春季参加的市委党校学习班的同学，一次偶然相聚的机会，他送给我《武川县志》、《神奇武川》（2006年6月第1版）、《武川文史》（第十四集）（内蒙古自治区内新准印字〔2009〕第133号）、《莜麦与莜面饮食制作技艺》（赵慧萍编著）等几本书籍，使我如获至宝。闲暇时，我无数次翻阅，突破了以往对阴山文化的粗浅认知，透过"天苍苍，野茫茫，风吹草低见牛羊"的壮美自然景象，背后是千百年来，莽莽阴山北麓群雄逐鹿武川县的宏大历史画卷。这里是扼阴山白道出口之锁钥，自古以来是历代兵家必争，马背民族以阴山为屏障，北倚大漠，虎视中原。兵强马壮之后，便以武川为出台口，一次次越过阴山，投鞭渡河，饮马长江。那些称雄大漠、虎踞阴山、窥视中原的王侯将相，早已消逝在时空岁月的流沙中，但游牧文明和农耕文明的激烈撞击与融合，携雷裹电，在历史的潇潇风雨中，深深地渗透并改变了中华民族的历史进程。

"落日照大旗，马鸣风萧萧。"书稿写作中，一个个叱咤风云的历史人物和石破天惊的历史事件，不断跳跃出来，流淌在笔下。这些早已随风远逝的铁血烈火和英雄足音，让偏远贫瘠的武川县如巍巍阴山般厚重起来。如今，在脱贫攻坚的伟大实践中，这片曾孕育了无数英雄豪杰的高原厚土，枪盘河水哺育的淳朴民众，骨子里武士不屈的基因被唤醒，义无反顾地发起了向贫困进攻的突围战！艰辛的扶贫故事不再沉重，脱贫突围战的每一次胜利，都让人心生豪迈之气，那是武川县人民走向新时代擂响的奋进战鼓！

风是千百年的风，奏响了宇宙间最美妙的琴音。立于阴山之巅，迎着浩荡长风，阅读天地壮阔，感受岁月苍凉。

谁引春风到武川，千里一碧妆阴山。全面建成小康社会，是中国共产党对中国人民的庄严承诺。坚决打赢脱贫攻坚战，确保到2020年所有贫困地区贫困人口一道迈入全面小康社会，这是举世瞩目的伟大成就，谱写了人类反贫困历史上的辉煌篇章。纵观古今中外历史，没有哪一个朝代和哪一个政党能够如此关注贫困群体，只有伟大的中国共产党做到了。地处祖国边陲的塞北武川县，虽地处偏远，却幸逢盛世，17万各族人民在党的富民政策的指引下，唱响主旋律，弘扬正能量，齐心协力，战胜贫困，激情满怀地迈入小康社会。

庄子说，风之积也不厚，则其负大翼也无力。在武川县脱贫攻坚突围战中，有数不清的政府工作人员、企业家、驻村工作队队员，更有来自首都的有力援手……他们共同汇聚起磅礴力量，托起了"大后山"民众奔向小康社会的希望和人生璀璨梦想！

踏上阴山坝顶，强悍的北风吹拂衣摆，旗帜般地哗哗作响。作为首府"后花园"，发展旅游产业，武川县具有得天独厚的地理位置和深厚的人文底蕴，

"阴山文化"就是其用之不竭的富矿。不远处,武川县城赫然在目,在我眼前幻化成另一番迷人景象:连接首府与县城的高速铁路,沿茶马古道经二连浩特,通往欧亚各国;宽阔的机场跑道上,一架架客机呼啸着迎风起飞,冲向云霄;蜿蜒在阴山崇山峻岭上的赵长城、秦汉长城、金界壕,游人如织,宏大的北魏主题公园依山而建,旌旗猎猎,号角声声,展示马背民族的兴起、壮大并走向中原的历史;抗日游击根据地"红色旅游线路"四通八达,一处处遗址述说着昔日的烽火抗日故事,带火了沿途群众的"农家乐"……

风,能卷走天地间的一切,唯文字可以不朽。一个地区文明的标志,不是看有多少高楼大厦,而是看文化的含金量。将轰轰烈烈的扶贫故事汇集成一本书并不新鲜,但作者的笔法各有千秋。有一千个读者,就有一千个哈姆雷特。从一开始我就在思考,不能将这本书写成诸多先进人物的故事集,而是在党中央精准扶贫方略下,再现一个个成功的扶贫案例,为读者呈现可借鉴、可复制的武川县精准扶贫模式。

感谢内蒙古展览馆接待部鄂晓楠副主任、内蒙古党校于美丽老师、人民出版社余平编辑、呼和浩特市日报社网络中心徐桂敬主任、呼和浩特市公安局特警支队李玉彬副支队长、武川县团委李敏书记、武川县大青山抗日游击根据地党员干部教育中心刘忠强主任、得胜沟乡大路耗行政村第一书记兼扶贫工作队队长王永明,在《阴山突围》书稿写作中,给我提出了非常好的意见和建议,使书稿得以不断完善。感谢我的战友聂春晖,无数次驾车陪我出入阴山南北,用镜头为我留下了诸多美好而难忘的印记。感谢我的家人和朋友,他们的鼓励和支持,永远是我前进的动力。

习近平总书记指出:"脱贫攻坚不仅要做得好,而且要讲得好。"脱贫攻坚战,是新时代的洪钟大吕。武川县虽地处偏远,但走过的脱贫攻坚风雨历程,其价值千金难买。唯一感到遗憾的是,没能亲自参加武川县这场不见硝烟的突围战,只能用笔来记述一线脱贫工作队队员的风采和辉煌战果!脱贫攻坚是全方位的、系统性的，有数不清的人在默默无闻地奉献，创造了很多鲜活的模式和经验，受篇幅和水平所限难免挂一漏万，敬请读者批评指正。

感谢伟大的时代，向所有战斗在脱贫攻坚一线的勇士们致敬！

张鑫华

2020年5月15日于青城